SEMJON VOLKOV

SPAL/
TUNG
DER
MI/
NE/
RA/
LE

BETRACHTUNGEN ZU
NATUR UND MENSCH

© 2018, SEMJON VOLKOV

VERLAG UND DRUCK:
TREDITION GMBH,
HALENREIE 40-44, HAMBURG

978-3-7469-4502-6 (Paperback)
978-3-7469-4503-3 (Hardcover)
978-3-7469-4504-0 (e-Book)

INHALT

EINS

ZUSAMMEN-WACHSEN!

>> Alles ist eins. Und alles hängt zusammen. Die Natur ist ohne sichtbaren Herrscher, und doch stehen ihre Energien in perfekter Harmonie. Klima, Substanzen, Organismen - das alles gehört zu einem einzigen Gebilde und verläuft nach Prinzipien der Wechselwirkung. Vom Kleinsten ins Größte, von innen nach außen, von unten nach oben. Und zurück.

Die Bedingungen der Erde sind Selbstregulierung durch Wechselwirkung. Sie folgen einem natürlichen Konzept von Ordnung durch Harmonie, in dem jeder Organismus seine praktische Funktion erfüllt. Bis auf uns Menschen.

Denn wir Menschen, obwohl von den natürlichen Ressourcen abhängig, haben uns durch unsre Logik und Organisation von der Natur losgelöst.

Aus ökologischer Sicht sind wir Menschen nicht nur nutzlos für diese Erde, sondern in unserem reproduktiven und anarchistischen Verhalten hochgradig schädlich fürs gesamte Ökosystem.

Wir zivilisierte Menschen nehmen aus der Natur, aber wir behandeln die Natur dafür nicht mit der nötigen Achtung.

Unser selbstgeschaffener Komplex aus korrupten Staaten und skrupellosen Konzernen hat in den letzten Jahrzehnten alles dafür getan den Selbstbezug unserer Spezies bis ins Pathologische auszudehnen und unsere Abhängigkeit von der Natur restlos zu vertuschen.

Aber wir zivilisierte Menschen leben in einer Scheinwirklichkeit. Wir sehen uns als stolze Macher und Visionäre einer goldenen Zukunft, als intelligente Wesen, die sich (vermeintlich) über die Natur erhoben haben, um ihre Geheimnisse nach und nach zu entschlüsseln - natürlich zum eigenen Vorteil und Segen.

Die Wahrheit ist allerdings eine andere.

Wir Menschen verhalten uns wie Idioten, die das Wasser trinken, das sie selbst vergiften.

Weder sind wir Herr über die Auswirkungen unserer Handlungen noch können wir uns lossagen von unseren essentiellen Quellen.

Trinkwasser, Sauerstoff, Sonnenlicht und Nahrung waren und sind fürs menschliche Überleben unabdingbar. Darin liegt die ganze Tragödie der menschlichen Größe oder Bedeutungslosigkeit.

Wir Menschen von Heute stehen an einem Wendepunkt - oder vor der Gewissheit des Untergangs unserer Zivilisationen.

Die Traglast der Erde, die aus der irreparablen Spirale von Überpopulation und Verschmutzung resultiert, ist längst erschöpft.

Die Neuausrichtung der menschlichen Expansion darf und kann nicht alleine zur Frage nach technologischer Optimierung werden. Denn die reine Anwendbarkeit eines Systems hat sich in der Vergangenheit stets als Sackgasse erwiesen.

Ein Anstieg der Nahrungsmittelproduktion als Reaktion auf die Überbevölkerung verstärkt nur die negativen Effekte.

Die einzige Chance fürs menschliche Überleben liegt im globalen Zusammenwachsen bisher konkurrierender Teile, in strikten Dekreten, der Reformierung ethischer Grundwerte und letztlich der ökologischen Revolution.

Leider zeigt die gegenwärtige Situation ein völlig anderes Bild. Die Separation einzelner Staaten und ihrer Wirtschaften führt zu einer Verschärfung der globalen Probleme.

Die bislang gewonnene Einsicht in die Natur und Psychologie der eigenen Spezies erhält noch immer viel zu geringe Beachtung.

Die expansive Grundausrichtung des menschlichen Egos, vom Besitzanspruch des Einzelnen, bis zur organisierten Konkurrenz ganzer Gesellschaften, ist bekannt. Dennoch zeigen bisher weder Staaten noch Konzerne den gemeinsamen Willen diese Grundausrichtung auch nur ansatzweise zu reformieren.

Ein verantwortungsvolles Handeln von Regierungen und Entscheidungsträgern zum Wohl des gesamten Planeten, - nicht nur einer privilegierten Minderheit der eigenen Spezies - steckt, trotz verheerender Prognosen, weiterhin in Kinderschuhen. Daher verwenden in diesen Betrachtungen absichtlich das Plural ‚Menschen' oder sprechen an erforderlicher Stelle vom ‚einzelnen Menschen', statt ‚der Menschheit' oder ‚dem Menschen.' Die Bezeichnung ‚Menschheit' als Gesamtheit aller Menschen setzt ein einheitliches Gefüge gemeinsam geteilter Bedingungen, Eigenschaften und Handlungsweisen voraus. Wir sehen in der Gesamtheit der Menschen keine Schnittmenge, die eine Mehrheit dieser Aspekte einschließt.

Es gab und gibt unter uns Menschen zu viele Interessengruppen, die verschiedenen Bedienungen, Eigenschaften und Handlungsweisen unterliegen und daher ihre Selbstbezüge zwangsläufig in anderen Kategorien bemessen, als sie anderen Gruppen, Gesellschaften oder der allgemeinen Spezies Mensch zugestehen.

Emotionen sind immer persönlich. Sie sind das Ureigene, Unverwechselbare, nur ein elektrochemischer Reiz im Limbischen System. Aber sie sind das bewusste oder unbewusste Motiv jeder menschlichen Reaktion, Verhaltensweise oder Handlung. Wir benötigen ein persönliches Motiv zur Selbstaufgabe. Da wir aber die persönliche Verbindung zwischen uns und anderen nicht erkennen, bleiben unsre Reaktionen, Verhaltensweisen und Handlungen egoistisch. Das Ungleichgewicht unsrer emotionalen und rationalen Extreme bestimmt unser Sozialverhalten. Wir bieten ein hohes Maß an Solidarität. Aber dieses hohe Maß gilt primär persönlichen Beziehungen.

Die Basis der Solidarität wird zuerst erfasst durch die emotionale Haltung gegenüber Nachstehenden. Je weiter sich unser Beziehungskreis erstreckt, umso rationaler wird unsre Haltung. Je geringer also unser Anteil am Leben anderer, umso geringer unsre Solidarität.

Wir lieben unsre Kinder und Partner, lieben vielleicht unsre Eltern und ‚besten' Freunde. Aber hier endet bereits unsre Bereitschaft zur Selbstaufgabe. Fremde kümmern uns nicht. Bestenfalls dulden wir sie - durch Distanz fähig zur Toleranz.

Schlimmstenfalls dienen sie uns als Feindbilder.

Die Übereinstimmung kultureller Aspekte verbindet ebenso, wie ihre Abweichungen trennen.

Daher sehen wir in Fremden immer erst die Andersartigkeit, bevor wir durch persönlichen Kontakt den Menschen erkennen.

Das Einzige, das in unsren Gesellschaften die Distanz zwischen Emotion und Rationalität überbrücken kann, ist das Erlebnis persönlicher Not oder gleicher Missstände. Da diese Not oder Missstände aber nur temporär oder individuell sind, bleibt der kollektive Modus der Solidarität unangetastet.

Unsere Gesellschaften sind der Solidarität unsrer Urgemeinschaften entwachsen. Die aufgebauten Hürden zivilisierter Anonymisierung sind zu groß, um sie als gesamte Spezies zu überbrücken. Die Systeme unsrer Zivilisationen sind so wenig auf Gleichheit ausgerichtet, wie die menschliche Natur, die noch im Dilemma ihrer emotionalen und rationalen Extreme steckt.

Die Frage der Solidarität ist keine rationale Frage, es ist die emotionale Barriere unsrer unveränderten Gesellschafts- und Machtstrukturen, die uns oktroyiert werden und unsre emotionale Freiheit blockieren.

Wir sehen, schon hier beginnt das ideologische, pädagogische und soziologische Problem zur Definition einer gemeinsamen Basis oder Übereinkunft ‚verschiedener Menschen‘ zu allgemein bestehenden Lebensgrundlagen.

Die Bedrohung und absehbare Vernichtung unserer menschlichen Lebensgrundlagen ist bekannt, aber der Wille zur Lösung ökologischer Katastrophen scheint durch die ‚verschiedenen Interessen‘ dieser ‚verschiedenen Interessengruppen‘ gegenwärtig unmöglich.

Im Zweifelsfall wird die Natur das menschliche Problem auf ihre Art lösen.

Trotzdem wollen wir hier, bei allen begründeten Zweifeln in unsre Vernunft, dem Fatalismus nicht einfach kampflos das Feld überlassen. Selbst das Absehbare bewegt sich immer in offenen Zuständen und unterliegt Zufällen, die niemals endgültig sind, solange wir atmen.

Wir Menschen nennen diese Sichtweise der Zukunft Hoffnung, und wir leben durch Hoffnung. Wir wollen versuchen, uns an die eigenen Nasen zu fassen und unserer (Miss)Verhältnis zur Natur, seine konkreten Ursachen und Auswirkungen betrachten. Darüber hinaus die Gründe für ‚unser gemeinsames Fehlverhalten' gegen die Natur analysieren, längst bekannte Lösungsansätze wiederholen und uns bemühen daraus eigene Schlüsse und Konsequenzen ziehen.

Das Thema vom (Miss)Verhältnis zwischen Natur und Menschen ist ein alter Hut. Was immer wir in diesen Betrachtungen auch sagen oder erörtern, es ist nichts Neues. Gedanken und Ideen sind unzerstörbar. Sie wiederholen sich, quer durch unsere Köpfe, Kulturen und Zeitgeschichte. Allein die Resistenz ihrer Anwesenheit beweist unsren Willen zur Veränderung und gibt Grund zur Hoffnung. Wir wissen, die Gefahren von Gedanken und Ideen bestehen häufig in ihrer Ignoranz für die Wirklichkeiten des Lebens, der Unkenntnis der menschlichen Natur und ihrer Blindheit für Ursache und Wirkung. Um das Gleichgewicht zwischen Ursache und Wirkung zu bewahren, muss ihre mögliche Anwendung daher stets moderat und graduell verlaufen.

Wer nach praktischer Umsetzung seiner Gedanken und Ideen lebt, trägt die Bürde der Verhältnismäßigkeit. Weder kann und darf weder seinem Egoismus noch seiner Ignoranz nachgeben.

Die Zusammenhänge zwischen unsrem gemeinsamen Fehlverhalten und ihren Auswirkungen sind das eine. Die Wirklichkeiten des Lebens und der Natur das andere. Wer gesellschaftliche Reformen anstrengt, muss Chancen und Bedingungen gleichermaßen gerecht werden.

Ein ‚Zusammen-Wachsen‘ kann immer nur stattfinden durch freiwillige Kooperation, Bereitschaft für Vertrauen und bedingungslose Kompromisse - zuerst zwischen Menschen, dann zwischen Gesellschaftsgruppen und Gesellschaften, zuletzt zwischen Gesellschaften und ihrer Umwelt.

Die Betrachtungen, die wir im Folgenden anstellen, erheben keinen Anspruch auf absolute Wahrheit oder Gültigkeit. Ihre Interessen gelten ausschließlich einer philosophischen Interpretation der Natur und dem Verhältnis von Menschen und Natur. Die Beobachtungen und Schlüsse, die wir hier aus menschlichem Verhalten ziehen, sollen uns im besten Fall helfen, unsere Differenzen mit der Natur zu verringern, die Summe gemeinsamer Grundlagen zu erhöhen und ein ‚Zusammen-Wachsen‘ zu fördern.

Wie Egoismus und Ignoranz im Einzelnen, sind Separation und Misstrauen das kollektive Gift im menschlichen Verstand, das ein längst überfälliges ‚Zusammen-Wachsen‘ von Menschen mit ihrer Umwelt verhindern.

Wir Menschen identifizieren uns stärker mit Geld und Systemen als mit anderen Menschen. Die Gewissheit, dass Geld und Systeme für uns arbeiten können, während menschliches Verhalten meist nicht unsren Vorstellungen entspricht, ist der Hauptgrund für die Spaltung gesellschaftli-

cher Kollektive. Das dumme, egoistische und lern-
resistente Verhalten der Mehrheit unsrer Spezies
schreckt uns ab und widert uns an.

Unsere vorwiegend negativen Erfahrungen mit
den Verhaltensweisen unsrer Massen bestätigen
unsere Abneigung und unsren Pessimismus gegenüber diesen Massen ebenso, wie Ausnahmen
Ausnahmen bleiben. Dass wir uns immer wieder
bei individuellen Überraschungen ertappen, die
sich unsren Kategorien entziehen, ändert nichts
an unsrem Hang zur Verallgemeinerung.

Das dumme Verhalten menschlicher Massen ist
die Schwäche, aus der wir persönliche Vorteile
ziehen. Da das dumme Verhalten der Massen, aus
denen wir persönliche Vorteile ziehen, diesen
Massen allerdings nicht bewusst ist, fällt die
Dummheit ganz auf uns selbst zurück, denen
zwar bewusst ist, dass sie das dumme Verhalten
zu persönlichen Vorteilen nutzen, aber ignorieren, dass sie auf diese Art das allgemeine Phänomen des Egoismus nur weiter verstärken.

Unser Verhalten ist zutiefst widernatürlich und
entbehrt jeder Daseinsberechtigung. Man könnte
fast meinen unser kollektives Unterbewusstsein
wünsche den Untergang unsrer Scheinherrschaft
über diesen Planeten.

Der allgemeine Zynismus unsrer globalen Wirtschaftssysteme erscheint auf den ersten Blick wie
ein Beweis für unsren unbewussten Wunsch nach
Selbstzerstörung.

Dass dem nicht so ist, beweisen besagte Ausnahmen, die aus dem konformen Fehlverhalten unsrer Masse hervortreten oder hinter ihm zurück-
stehen. Daher ist die emotionale Erbitterung unsrer Minderheiten, die unser allgemeines Fehlverhalten erkennen, zwar angebracht, aber wenig

förderlich fürs rationale Verständnis des menschlichen Status Quo.

Wir Menschen, ob als Staaten, Konzerne oder Regierungen befinden uns gegenwärtig oder noch immer auf einer Entwicklungsstufe, in der einzelne Interessengruppen ihre exklusiven Interessen über holistische Notwendigkeiten stellen und durch Konkurrenz und Separation somit exklusive Profite akkumulieren.

Wir erkennen in dieser gegenwärtigen Entwicklungsstufe auch den Prozess einer progressiv-anarchistischen Sublimierung, da unsre globalen Ökonomien sich bisher weder kollektiviert noch ihre Kapitalströme kultiviert haben.

Unsere Gewissheit einer kollektiven Bestimmung, die eine Gesamtheit organischer Existenz einbezieht, unterliegt noch unsrer Rationalität und deren amoralischer Tendenzen.

Aus diesem Grund stellen uns, zum gegenwärtigen Zeitpunkt unsrer Entwicklung, bereits die Kooperation zwischen einzelnen Regierungen, Konzernen, Gesellschaften und Gesellschaftsgruppen noch vor eminente Schwierigkeiten.

Auch hier ist uns Menschen die Einheit der Natur voraus. Sie ist das zusammen-gewachsene Organ, in das wir uns reintegrieren sollten - falls wir wollen, das unsre Zivilisation überleben.

>ZWEI/

DAS EGO DER MASSEN

» Wer die Massen kontrolliert, kontrolliert alles. Es gibt keine Staatsbürger mehr, es gibt nur noch Kunden. Es gibt keine Völker mehr, es gibt nur noch Massen. Es gibt keine Länder mehr, es gibt nur noch Massengesellschaften.

Der tägliche Verkehrsstau in Innenstädten, der ständige Flugverkehr durch Massentourismus, die Massentierhaltung, die Abholzung der Regenwälder zur Ausdehnung von Agrarflächen - das alles sind Aspekte der Massengesellschaft und zugleich Beweise ihrer falschen Ausrichtung. Aber das Problem betrifft nicht eine richtige oder falsche Ausrichtung, sondern das Problem ist die Massengesellschaft selbst. Wir Menschen sind a) zu viele, und b) zu egoistisch.

Massengesellschaft sind ein globales Phänomen und nicht beschränkt auf westliche Demokratien, in denen Ethik und Medizin, Zivilgesellschaft und Rechtsprechung gezielt das Überleben jedes Einzelnen sichern.

Als Kriterien für Massengesellschaften genügen urbane Strukturen, eine funktionstüchtige Industrie und (wichtig!) audiovisuelle Medien.

Dies allein führt bereits zu lebensgünstigen Bedingungen, die das Wachstum von Bevölkerungen fördern. Mögen die Geburtenraten in alten Industriesaaten durch Prävention und Standards stagnieren oder rückläufig sein, in Schwellenländern und jüngeren Industriestaaten sind sie es längst nicht.

Hier wie dort ist es das überproportionale Auftreten unsrer menschlichen Spezies, die den Treibhauseffekt verstärkt, das ökologische System in Ungleichgewicht bringt und somit Erderwärmung und Klimawandel beschleunigen.

Ist es in westlichen Massengesellschaften mittlerweile vor allem der Energieverbrauch und die Verschwendung von Ressourcen, erreicht die Verschmutzung von Wasser, Luft und Boden in Massengesellschaften ohne nachhaltige Umweltstandards seit Langem irreparable Ausmaße.

Von korrupten Machthabern hofiert, exportieren globale Konzerne ihre Einwegprodukte in Entwicklungsländer, die nicht einmal über ein Mindestmaß an technologischem Know-how verfügen, um entstehende Abfälle sachgerecht zu entsorgen und den Wirtschaftskreis zu schließen.

In vielen Entwicklungsländern nimmt die ‚Vermüllung' ganzer Landstriche, sowie die Kontamination von Böden, Atmosphäre und Gewässern mit toxischen und krebserregenden Stoffen längst lebensfeindliche Formen an.

Mag unsere Spezies in ihrer Evolutionsgeschichte auf dieser Erde auch Vieles gelernt, viel gewirkt, viel verändert und komplexe Systeme errichtet haben. Die Art und Weise der menschlichen

Logik ist seit der Steinzeit unverändert.

Die Logik, die im 21. Jahrhundert Raumstationen baut, ist noch die gleiche Logik, die einst mit Steinen Feuer entfacht hat. Auch wenn uns diese Logik heute wesentlich differenzierter erscheint und mit zahllosen Motiven ausgestattet wird, so hat sie ihren Impetus doch sicher bewahrt: den *Egoismus* - Kern unsrer Selbsterhaltung.

Die Ursprünge unsrer Logik sind unbekannt. Die Hirnforschung tappt im Dunkeln. Aber ihre Psychologie und ihre Handlungsweise lassen sich dennoch sehr genau nachvollziehen.

Ziel von Logik ist die Kontrolle unerwünschter Lebenseinflüsse oder hinderlicher Umweltbedingungen, ihr gestalterisches Mittel die Technologie. Diese manifestiert die Erkenntnisse menschlicher Logik durch praktische Anwendung.

Wird die Logik durch Organisation und Hierarchie nun strukturiert, entsteht maximale Effizienz. Ist diese maximale Effizienz erreicht, erfolgt eine erneute Maximierung, die jeweils auf der Vorstufe aufbaut.

Der Prozess der Maximierung, durch praktische Anwendung umgesetzt, läuft seit der Entstehung unsrer Spezies und fällt mit unsrer Entdeckung der Logik zusammenfällt. Da die Grundlagen für diese Maximierung immer potenter werden, erhöht sich auch das Tempo unsrer Technologie.

Die Folge ist, dass Technologie der menschlichen Logik, auf der sie mit maximaler Potenz aufbaut, irgendwann ungefragt voraus greift.

Dieser Punkt ist mittlerweile erreicht.

Unsre Logik, einst Garant für menschliche Überlebensstrategien und Medium zur Verbesserung unsrer Lebensstandards, zwingt uns jetzt in die völlige Abhängigkeit von einer Technologie, die unsren Egoismus immer weiter forciert.

Wir Menschen sind Meister der Selbsterhaltung, quer durch die Jahrtausende. Von der Jagd mit Steinen, über Pfeile mit Metallspitzen, bis zum Vergleich von Benzinpreisen für unsren Wagen.

Wir Menschen haben die Selbsterhaltung nicht nur perfektioniert, wir haben sie mitgeschleppt. Aus ihrer natürlichen Umgebung, einer feindlichen Wildnis in die moderne Zivilisation.

Haben sich unsere äußeren Bedingungen auch völlig verändert, wir selbst und unser Selbsterhaltungstrieb haben es nicht.

Dafür haben wir unsre Selbsterhaltung schon lange gründlich gegen uns selbst gerichtet.

Der Egoismus, bis zur Urbanisierung überlebenswichtig für jeden Einzelnen und in seiner gesellschaftlichen Organisation noch nicht potent genug, um der Ökologie nachhaltigen Schaden zuzufügen, hat sich im Zuge der Industrialisierung und Entstehung der Massengesellschaft endlich gegen uns gewendet.

Unsere Logik ist irrational geworden.

Trotz unsrer Kenntnisse über die eigene Begrenztheit von Ressourcen und Lebensraum, füttern, schützen und fördern wir immer weiter das Wachstum der Massen unsrer Spezies.

Wir begründen diesen Schritt vor der Öffentlichkeit mit ethischen Grundsätzen, dem Lebensrecht für alle. Aber wir verschleiern nur das Motiv der Gewinnmaximierung, das unsere globalen Konzerne alleine durch unsere Massengesellschaften erzielen. Die Massen sind lediglich ein künstlich erschaffener Absatzmark, das gezüchtete und gemästete Vieh einer Globalisierung, die selbst in der Sackgasse des Egoismus steckt.

Dass unser westlicher Massenkonsum die Stabilität unsrer Gesellschaften und unsere persönliche Freiheit sichern, am Ende ‚gewissermaßen‘ jeder Einzelne von uns profitiert, ist nur ein Scheinargument, das sich zufällig mit den Interessen der Globalisierung deckt.

Der Globalisierung geht und ging es nie um ethische Konzepte, allein um stabile Bedingungen zur finanziellen Bereicherung, der Sicherung ihrer Absatzmärkte und Kontrolle der Massen. Die Massen erhalten Futter und fügen sich ein.

Die ansteigenden Extreme in der Verteilung des gesamten Weltvermögens zeigen, wer und wie viele von uns Menschen tatsächlich vom globalen Wirtschaftssystem profitieren.

Der Egoismus, der die Massen antreibt, treibt auch ihre Lenker. Die Gier, die man uns als Konsumenten oder Kunden einflüstert, lenkt unser aller Verhalten.

Unser Egoismus, zugleich die *Ignoranz* oder Gleichgültigkeit gegen die Vorgänge und Veränderungen in unserer Umwelt, manipuliert komplett unsere Wahrnehmung und Vernunft.

Das Monster materieller Sachwerte ist von der Kette, beherrscht die Massen. Und die Technologie liefert ‚frei Haus‘. Dreistigkeit, Werte-, Sittenverfall und Wohlstandsverwahrlosung kennen keine Grenzen und keine Scham mehr. Nichts ist mehr gut genug und nichts genügt mehr. Alle wollen mehr - und das so schnell wie möglich.

Die Massen werden immer weiter gefüttert, die Gewinne weiter maximiert - ohne sinnvolle und tiefgreifende Reformen, wie die Einsicht zur Beschränkung der globalen Geburtsraten, die exklusive Nutzung alternativer Energien, eine mögliche Verkleinerung von Metropolen und eine Regionalisierung der Lebensmittel- und Konsumgüterproduktion, die Erzeuger und Konsument unmittelbar zusammenführen.

Gesellschaftlicher Konsum, politische Korruption und Globalisierung sorgen für die Stabilität und Potenz unserer Industrienationen. Aber die Kontrolle und Steuerung menschlicher Massen verschlingt auf Dauer mehr Energie, als die Natur bereitstellen kann.

Die gezielte Züchtung unsrer Menschenmassen und die künstliche Unterdrückung von Kriegen, im Anbetracht nuklearer Zerstörungskraft und ungestörter Gewinnmaximierung, haben das Ungleichgewicht zwischen menschlicher Population und Ressourcen weiter verschärft.

Die Kriege, die im 21. Jahrhundert stattfinden, von lokalen Konflikten mit ideologisch antiquierten Motiven abgesehen, richten sich nicht mehr gegen einzelne Länder oder Nationen, sie richten sich direkt gegen die Natur.

Seit Jahrzehnten vergiften Ölkonzerne die Weltmeere, versenkt die Atomlobby ihre radioaktiven Abfälle in der Erde, entsorgen Privatpersonen ihren persönlichen Unrat in Wäldern und an Straßenrändern - und erhalten dafür staatliche Freibriefe oder maximal geringfügige Geldstrafen für so genannte Ordnungswidrigkeiten.

Wir Menschen der Massengesellschaft müssen uns nicht mehr gegenseitig Kugeln in die Schädel jagen. Wir müssen auch nicht mehr aus eigener Kraft ankämpfen gegen Hunger und Kälte. Wir sind Teil eines Systems, das uns rundum versorgt und erhält - in manchen Massengesellschaften sogar gratis.

Wir Menschen der Massengesellschaft werden nicht mehr in Kriegen verheizt. Wir erhalten technische Spielzeuge, die dröhnen und brummen, blinken und piepen. Das genügt.

Mit diesen Spielzeugen dürfen wir uns frei austoben - und ganz auf Kosten der Natur.

Die Massen wachsen, die Ungleichheit wächst, die Konzerne wachsen, die Gewinne der Weltführung wachsen, die Blase wächst - bis sie platzt. Aber unsere Entscheidungsträger und Verantwortlichen, unsere Führungsetage und Eliten ignorieren dieses Problem nicht nur beharrlich. Sie handeln sogar vorsätzlich kontraproduktiv, beschleunigen die Ausbeutung unseres Planeten und nehmen den Kollaps unsrer Ökosysteme billigend in Kauf.

Unsere Logik stinkt - wie die Müllhalden, die wir produzieren und im Zeichen unsrer Ignoranz dort auftürmen, wo ihre Gegenwart und ihr Gestank unsere Augen und Nasen verschonen.

Unsere Logik kommt zu einem Ende.

Die Lebensweise der Massen, gesteuert und bestärkt vom globalen Wirtschaftssystem, führt zu einer absehbaren Folge von Naturkatastrophen, die uns Menschen und unsere gegenwärtige Lebensweise nachhaltig trifft.

Die Natur, für uns Menschen noch heute ein lebensfreundlicher Raum, wird durch drastische Klimastürze und atmosphärische Extreme schon bald zum lebensfeindlichen Sperrgebiet.

Was uns Menschen einst stark gemacht hat, wird uns jetzt zum Verhängnis.

Das Abrücken von alten Spielregeln, die Zugeständnisse persönlicher Nachteile, das Umdenken von Interessengruppen im Sinne einer veränderten Selbsterhaltung - sie alle werden für unsre Logik zum unlösbaren Problem.

Denn noch sind die Folgen des Egoismus nicht gravierend genug, um die menschlichen Lebensbedingungen dauerhaft zu verschlechtern.

Warnungen alleine genügt nicht. Wir Menschen braucht erst die Strafe, müssen erst schmerzhaft am eigenen Leib spüren, was wir mit unserem Fehlverhalten angerichtet haben, damit wir von unsrer Ignoranz abrückt.

Unsere Logik ist verhaftet mit einem Egoismus, der seinen Maßstab zwangsläufig am Selbstbezug seiner Spezies anlegt.

Wir Mensch der Massengesellschaften richten uns nur noch nach dem flüchtigen Zeitgeist unserer Zivilisationen, ihren Vorzügen und Bequemlichkeiten. Die beständigen Gesetzmäßigkeiten von Flora und Fauna lassen uns längst kalt.

Unsere Logik ist eine ständige Bezugnahme dessen, was wir im Kosmos unsrer eigenen Spezies vorfindet oder sie uns (an)bietet - ob familiär, beruflich, praktisch oder intellektuell.

Dieser Selbstbezug kompensiert seine fortschreitende Isolation von der Natur, indem er nach ständiger Expansion strebt. Er dehnt sich aus - auf Kosten jedes Einzelnen und zum Schaden jeder einzelnen Lebensform.

Was es auch sei, wofür sich die menschliche Logik entscheidet, sie bleibt stets im Rahmen ihrer Selbstbezüge. Dies gilt für jeden Einzelnen, wie für jede Form des Kollektivs. Für jede Gruppe oder Gemeinschaft, jeden Konzern oder Staat. Hier liegt das Problem.

DREI

DIE GROßE UMVERTEILUNG

>> Nach dem 2. Weltkrieg beginnt die ungebremste Herrschaft der Technologie, die in unsren westlichen Industriestaaten durch politische und wirtschaftliche Bestrebungen zur Massengesellschaft führt. Die Politik, die endlich begreift, dass die Kontrolle der Massen durch Ideologien zu schwerwiegenden Konflikten führt, übergibt die ideologische Steuerung ihrer Gesellschaften an ein multinationales Wirtschaftssystem.

Die Politik und ihre Eliten sind an zwei Weltkriegen gescheitert. Und mit ihnen die gute Absichten von Humanismus, Reformation und Aufklärung. Ihre Mission, die selbstbestimmte und mündige Herrschaft von Menschen - sie ist fehlgeschlagen. Die Interessengruppe der Erzieher verliert an Einfluss. Sie hat den Kampf um die Erziehung unsrer Massen verloren. Von jetzt an übernimmt die Interessengruppe der Unternehmer die Steuerung unserer Massen.

Die schmerzliche Erkenntnis, dass unsere Massen nicht zur Selbstbestimmung und Mündigkeit erziehbar sind, führt nach logischem Ermessen zu ihrer totalen Kontrolle und Ausbeutung.

Kapitalwirtschaft setzt ihren Hebel immer dort an, wo sie gegenüber den Massen psychologisch leichtes Spiel und die größtmöglichen Erfolgschancen hat. Am Egoismus.

Man begreift, die Massen sind besser aufgehoben in der Produktion und Dienstleistung, als im Kugelhagel der Schlachtfelder.

Milchvieh bringt in der Breite mehr Vorteile und Gewinne, als Schlachtvieh. Umso mehr, wenn man bereits die Zucht auf speziell milchstarke Viehsorten verlagert und ihr Futter mit speziellen Nährstoffen anreichert.

In Folge vollständiger Urbanisierung westlicher Gesellschaften und dem schnellen Ausbau audiovisueller Medien, erhält das Kapitalsystem nun kompletten Zugriff auf die Massen und beginnt ihre Arbeit. Durch gezielte Massenmanipulation, die eine Idealisierung des Materiellen propagiert, künstliche Bedürfnisse und Wunschvorstellungen weckt, etabliert sich der Massenkonsum.

Der vielfache Effekt, der hieraus entsteht, ist ebenso Versorgung und Kontrolle der Massen, wie Gewinnmaximierung und Expansion globaler Konzerne. Jeder profitiert - so das offizielle Credo, das die Politik, jetzt Handlanger der Wirtschaft, den Massen vorsätzlich einbläut.

Geld, die Voraussetzung zum Konsum, wird jetzt sowohl zum alleinigen Kontrollorgan politischer Stabilität, als Antrieb für die Massen.

Die freie Variable des Geldes wird hierbei zurechtgeschnitten auf jedes individuelle Bedürfnis - ganz gleich ob künstlich hervorgerufen oder auf natürlicher Grundlage.

Das Kapital oder vielmehr der Glaube an die bestmögliche Lebensweise für alle durch unser kapitalistisches Wirtschaftssystem, macht das Geld zum Stoff, das massiv die Richtung unserer Verhaltensweise und das Ausmaß unsres Egoismus beeinflusst.

Es ist nicht der Glaube an die Perfektion vom eigenen Leben, die unsere Massen zu maßlosem Konsum animiert. Es ist die Hoffnung auf menschliche Akzeptanz, die wir finden, wenn wir nur intensiv und beharrlich genug den Versprechungen des Konsums Glauben schenken.

Dass diese Hoffnung durch Konsum nie realisierbar ist, hat keine Bedeutung für den Glauben an seine Realisierbarkeit. Da er allein auf einer Machbarkeit durch optische Veränderung und äußere Umgestaltung beruht, kann er nie überprüft werden.

Wir behaupten, im Konsum finden die Massen den passgenauen Ersatz für Religionen und Ideologien. Der Kunde wähle das Produkt, das seiner Glaubenslehre oder seinen Idealen am Besten entspricht. Auf diese Art baut er an seiner Hoffnung - ob auf spirituelle Gnade, die bestmögliche Gesellschaftsform oder menschliche Akzeptanz.

Die gesamte moderne Zivilisation steht und fällt mit einem organisiertem Egoismus, der auf dem Prinzip von Gehorsam und Teilhabe basiert.

Dieses Prinzip, das ein elementares Ungleichgewicht in sämtlichen Ökosystemen hervorruft, wurde und wird von unsrer Globalisierung ständig forciert.

Unsere Kapitalwirtschaft und wir, als Konsumenten, argumentiert bevorzugt mit der selbstbestimmten Mündigkeit des Einzelnen, der Mündigkeit des Verbrauchers und Konsumenten.

Aber wir sprechen uns nur frei von unsrer Mit-
verantwortung für die Verantwortungslosigkeit,
zu der wir uns gegenseitig ermuntern und er-
ziehen. Wir betrügen uns gegenseitig, aber tatsächlich betrügen wir uns nur selbst.
Unser Verhalten fällt immer auf uns zurück.

Wir müssen uns klarmachen, dass die Einführung der Massengesellschaften und die Globalisierung keine zufälligen Ereignisse waren, sondern ein logischer Schritt und bewusster Akt der
Übereinkunft durch unsere Entscheidungsträger.
Wir haben nicht nur unsere Spezies, sondern zugleich diesen Planeten zur Ausbeutung durch
Wenige freigegeben.

Diese Wenigen, stets austauschbar, stammen direkt
aus unsrer Mitte und beschaffen den Egoismus,
der jeden von uns zum willigen Profiteur macht.

Die Spielregeln unserer Zivilisationen werden
diktiert von ein paar Multimilliardären, die globale Konzerne betreiben, an denen ein weit ver-
zweigter Tross williger, fähiger und ordentlich
vergüteter Mitarbeitern hängt und für die Umver-
teilung privater Vermögen sorgt - aus den Taschen
der Massen in die Hände ihrer Konzernführung.

Um die kriminellen Methoden ihrer Ausbeutung
von Natur und Menschen vor internationalen Ge-
richten zu legalisieren, beschäftigen diese Konzerne Hundertschaften von Anwälten. Um ihren
Zugriff auf die Massen stetig zu erhöhen und
ihre überflüssigen Produkte ins Bewusstsein unserer gezüchteten Massen zu pressen, beschäftigen diese Konzerne zahllose Wissenschaftler und
Medienstrategen.

Unsere Welteliten holen mittels Technologie alles
Verwertbare aus der Natur und menschlichen
Spezies - alles Weltvermögen und alle Ressourcen.

Unser Planet und unsere Menschen, für einige Wenige von uns nichts weiter als einträgliches Material, werden ausgequetscht wie eine Zitrone. Bis seine Ressourcen erschöpft oder der Klimawandel weitere Ausbeutung unmöglich machen.

Zerbricht durch den Klimawandel schließlich das Kapitalsystem, (was es zwangsläufig muss), zerbrechen auch unsere Massengesellschaften. Denn unsere Wirtschaftssysteme unterstützen und füttern den Egoismus jedes Einzelnen nur so lange, bis unsere Massen als Konsumenten überflüssig werden. Dann entledigen sich unsere Welteliten ebenso gezielt der Verantwortung zur Versorgung der Massen, wie sie zuvor manipuliert wurden.

An diesem Punkt werden sich die menschlichen Lebensgrundlagen dramatisch verschlechtern.

Man kann und darf also zurecht spekulieren, was unsere Weltführung veranlasst, ihren selbstzerstörerischen Kurs beizubehalten.

Die Wahrheit ist, unsere Weltführung hat sich nicht nur längst aus unseren Massengesellschaften verabschiedet und ihr Interesse am Wohl unsrer Spezies verloren. Sie hat sich auch ihrer Verantwortung über diese Erde entledigt.

Die Einsicht, dass wir Menschen alle Teil dieser Erde sind, die Auswirkungen unseres Fehlverhaltens auf uns alle zurückfallen, trifft auf unsere Weltführung gar nicht mehr zu.

Nicht umsonst berechnet man bereits verschiedene Szenerien, entstehen in ökologisch vorteilhaften Weltregionen bereits Grünzonen, investieren Konzerne Milliarden in Weltraumforschung, schielt die Weltelite bereits nach dem Mars.

Die Wahrheit ist, die Verantwortlichen für unsere Situation kümmern sich nicht um den Fort-

bestand unserer Erde. Sie treffen längst Maß-
nahmen, um ihr eigenes Überleben zu sichern.

Alles Übrige, was außerhalb ihrer spezifischen
Interessen liegt und in den Trümmern des eigenen Chaos versinkt, geht sie nichts mehr an.

Das ist die Logik unsrer Weltführung, ein Abbild
unsrer allgemeinen Logik - das direkte Resultat
unsres Egoismus und unserer Ignoranz, denen
wir alle mehr oder weniger nachgeben.

Massengesellschaften sind das künstliche, zutiefst inhumane und umweltfeindliche Phänomen
moderner und zivilisierter Menschen. Ihre Errungenschaften und Erfolge sind wie ihre Rück-
stände: biologisch nicht abbaubar. An ihrer tem-
porären Existenz, ihren Auswirkungen und ihrem fatalen Ausgang gibt und gab es bereits vor
ihrer Einführung keine Zweifel.

Das muss uns nicht frustrieren oder erschrecken. Der Lauf der Natur schneidet nur etwas am
überstehenden Selbstbezug des menschlichen
Bewusstseins entlang. Aber der Wirkungsbereich
der menschlichen Organisation, der aus dem
Verschwinden der Massengesellschaft entsteht,
wird ungleich beschränkter sein, als noch zum
gegenwärtigen Zeitpunkt.

Der moderne und zivilisierte Mensch, der zu diesem Zeitpunkt längst seine Einmaligkeit ver-
flucht, darf endlich wieder seine Anpassungsfähigkeit beweisen und sich erfreuen am Sauerstoff, den er noch atmet.

Es ist immer leicht nach einem Desaster die
Schuldfrage zu stellen oder auf jeweilige Ver-
antwortliche zu deuten - falls das entstandene
Desaster nicht sämtliche Spuren löscht. Aber das
ist hier unsinnig und wenig konstruktiv.

Wir wiederholen, die Massengesellschaft war schlicht der nächste logische Schritt der menschlichen Organisation - logisch nach menschlichem Ermessen, da mehr oder minder profitabel im größtmöglichen Rahmen.

Nur ein paar Jahrzehnte der lückenlosen Versorgung, der Übersättigung und des Wohlstands, und die Menschen unsrer Massengesellschaften haben gelernt in völliger Einfalt zu leben.

Aber es ist nicht mehr die Einfalt, die noch das Joch des Hungers und der Entbehrung kennt. Es ist die Einfalt, die zwischen Verschwendung und Kinderei, Vergnügung und Angst lebt. Eine Einfalt, die keine Scham mehr kennt.

Der moderne, zivilisierte Mensch stirbt ohne das Versorgungssystem der Massengesellschaft nicht an Kälte, Hunger oder vor Durst. Er stirbt, weil er seine Not nicht begreift und sich nicht mehr selbst zu helfen weis. Aus Scham.

Noch einmal: Unsere menschliche Logik ist verhaftet mit einem Egoismus oder Ich-Denken, das unsre Umwelt nur als Mittel zum Zweck begreift, statt als Teil unsres ‚Selbst'.

Das natürliche Verlangen des Menschen zur Gestaltung und Umgestaltung von Landschaften beschränkt sich auf optimale Selbstausbeute und lässt die Ökologie völlig außer Acht.

Da die komplexe Arbeitsteilung persönliche Vorteile bringt, haben wir unsere Logik organisiert und hierarchisch strukturiert, aber unsren Egoismus unverändert beibehalten.

>VIER/

DAS SELBST UND DAS ICH

>> Wir Menschen agieren bevorzugt nach außen, reagieren verstärkt auf äußere Reize, reflektieren das Äußere durch unser Bewusstsein, suchen logische Zusammenhänge und ziehen Schlüsse.
Wir bemühen uns um persönliche Teilhabe, Mitgestaltung und Veränderung unsrer Umwelt, wir planen und treten in Aktion.
Aber wir ignorieren beharrlich das Unbewusste, da es unsren rationalen Mustern zuwiderläuft oder unsrem Verstand nicht zugänglich ist.
Dabei bildet das Unbewusste die Motive unsrer Emotionen. Hier zeigt sich uns das archaische, vormenschliche Erbe der Natur, die Vorstufe, aus dem unser Bewusstsein entstanden ist.
Das Unbewusste ist der Abgrund der Logik.
Es ist eine nicht steuerbare Einheit, die in Abwesenheit des Bewusstseins für uns bereits eine Vorauswahl unserer bewussten Entscheidungen trifft.
Diese Entscheidungen stehen immer im Zusammenhang mit unsrem Selbstbewusstsein.
Da moderne und zivilisierte Menschen durch ihre Erziehung zu Logik lernen, das Unbewusste

gezielt zu unterdrücken, hat sich auch ihr Selbstbewusstsein und zugleich ihr Selbstbild grundlegend geändert. Allein der Mensch und seine Logik stehen im Mittelpunkt unsrer Wahrnehmung Nicht mehr unsere unmittelbare Umwelt oder die Erde, von der wir abhängen.

Die einzigen Vorgaben, die ein Mensch von jetzt an beachten muss, sind die Regeln seiner Zivilisation, sonst nichts. Aber durch seine Logik entdeckt er bald, dass sich einige dieser Regeln klar zum persönlichen Vorteil nutzen lassen - umso leichter, wenn sie durch Staaten oder Konzerne gefördert und öffentlich als Wohltaten deklariert werden.

Wir behaupten, die reine Logik, die unseren gegenwärtigen Gesellschaften als Leitlinie dient, hat nicht nur die Ignoranz des Einzelnen gegenüber seiner Umwelt gefördert. Sie hat auch Ethik und Moral unterwandert, und sie fördert geradezu die Verlockung zu amoralischem Verhalten.

Dies geschieht im Großen, wie im Kleinen. Vom Schaden persönlich Betroffener, bis zu Schäden in globalen Dimensionen, die zurückfallen auf die Gesamtheit aller Organismen.

Amoralisches Verhalten ist ein allgemeinmenschliches Phänomen, das nichts zu tun hat mit Herkunft, Gesellschaftsklassen oder sonstigen Kategorien. Es entsteht sowohl durch erzieherische Fehlleistungen, wie durch die graduelle Bestechlichkeit unserer Institutionen.

Daher begegnen wir der extremsten Form von amoralischem Verhalten, der Kriminalität, auch auf sämtlichen Ebenen unserer Gesellschaften - und gerade den Höchsten. Denn Machtgewinn (und noch mehr der Machterhalt), verlangen allein nach reiner Logik, nicht etwa Moral oder Empathie.

Amoralische Verhalten ist eine menschliche Unart oder ein Fehlverhalten, das in direkter Verbindung zu einer Logik steht, die das Erkennen von gesamtheimlichen Zusammenhängen konsequent ignoriert. Persönliche oder kollektive Vorteile sind hier lediglich der selbstformulierte Zweck, der unfaire Mittel legitimiert.

Ob der kurzfristige Gewinn einer Hure oder die Handelsabkommen unserer Zivilisationen - die Kehrseite jeder Vorteilsnahme (und folglich ihrer Separation von Zusammenhängen) sind ihre Auswirkungen aufs Gesamtheimliche.

Die Übertragung von Geschlechtskrankheiten durch unkontrollierte Prostitution sind der Wassermangel und die Dürre durch Zivilisationen.

Natürlich ist uns bewusst, dass die Praxis stets in Graubereichen verläuft, die keine definitiven Wahrheiten oder konkrete Schuldzuweisungen erlaubt. Unsere Erläuterung mag naiv sein. Aber dies ändert nichts an ihrer Plausibilität und einem unbestechlichen Rechtsempfinden, das an offenkundigen Wahrheiten Maß nehmen kann und darf.

Das öffentliche Bewusstsein für amoralisches Verhalten unterliegt in unseren heutigen Massengesellschaften der organisierten Verdrängung durch Wirtschaft und Politik.

Das Gewinnstreben unsrer Weltführung, die sich durch raffinierte Massenmanipulation Stück für Stück das Weltvermögen sichert, fördert gezielt das amoralische Verhalten unserer Massen.

Die absehbaren Folgen dieser Entwicklung sind Massenverarmung, gravierende Naturkatastrophen und die Zerstörung ‚vorhandener' Lebensgrundlagen. Wir betonen ‚vorhandene' und nicht

‚gemeinsame' Lebensgrundlagen. Denn es gibt keine ‚gemeinsamen' Lebensgrundlagen aus Sicht unserer Welteliten - so wenig wie eine Menschheit. Es gibt lediglich ‚vorhandene' Lebensgrundlagen oder Ressourcen, die bisher noch keinen Besitzer oder Nutzer gefunden haben.

Eine Grundlage, auf der sich menschliche Gemeinsamkeiten formulieren lassen ist bisher erfolglos. Aus diesem Grund ist auch jede grundlegende Reform unserer Zivilisationen vergeblich.

Wir Menschen können in einzelnen Gesellschaften alternative Wirtschaftskonzepte erarbeiten. Wir können noch mehr Gesetze und Vorschriften zum Umweltschutz erlassen. Wir können Geburtenprävention betreiben und das Verhalten unsrer Massengesellschaften geringfügig korrigieren.

Das alles und noch mehr können wir tun.

Aber zur globalen Veränderung bedarf es zuerst der Erkenntnis universeller Gemeinsamkeiten, die allein unsere Umwelt vermittelt.

Solange wir Menschen unser Selbstbewusstsein nicht (wieder) dem Willen der Natur angleichen, werden wir unsere Logik nicht von unsrem Egoismus und unsrer Ignoranz befreien.

Dem Willen der Natur angleichen heißt hier nicht, unseren Trieben, Bedürfnissen oder dem Ich-Denken nachzugeben. Es heißt, die Gesamtheimlichkeit unsrer Erde nicht nur zu erkennen, sondern auch die Zusammenhänge und Abläufe unsrer organischen Welt so zu akzeptieren, wie sie stattfinden.

Mit anderen Worten, wir müssen (wieder) lernen, unser eigenes Leben und unsren eigenen Tod zu ertragen - ein Ertragen, das nur gelingt, wenn es zuvor sämtliche Formen von ‚Lassen' einschließt.

Ein ‚Lassen' als Erkenntnis in die Grenzen der eigenen Person oder Spezies, das dem ständigen Eingreifen und Einmischen in natürliche Vorgänge widersteht.

Wie die Natur hat auch das Leben eine selbstregulative Basis, in der nicht jede bewusste Aktion notwenig, in seinen Folgen absehbar oder überhaupt nützlich ist. Mag der Erfolg dieser Aktion auch noch so enorm sein, ändert das nichts an den Grundbedingungen des Lebens oder dem Willen der Natur, die unser Selbstbewusstsein immer wieder auf die Stufe der Angleichung, der Hinnahme und einem ‚Lassen müssen' zwingen.

Dies allein bezeugt die Erfahrung.

Denn die Natur folgt einer größeren Logik, als wir Menschen sie durch unsere Logik begreifen.

Dieses unbekannte ‚Selbst', das für die Natur steht und weit mehr umfasst, als das Sicht- und Messbare, lässt sich nur durch Intuition erahnen, aber nie durch Logik verstehen.

Die Religion kommt dieser Sichtweise sehr nahe. Nur betreibt sie menschliche Ausschließlichkeit und bedient sich dem lukrativen Versprechen ans Überirdische, statt der brotlosen Einsicht in die Parameter der Natur und der Intuition eines unterschiedslosen ‚Selbst' - eine Intuition, die sich in Form von Lehransätzen quer durch die Jahrtausende der menschlichen Kulturgeschichte zieht. Wir finden sie im Zen Buddhismus, in Naturreligionen, den Schulen der Vorsokratiker, in der mittelalterlichen Metaphysik, der Romantik und im Naturalismus.

Bis zu heutigen Umweltbewegungen.

/

Die evolutionäre Verbindung des Menschen zur Natur sitzt tief in seinem Unterbewusstsein. Sie umfasst weitaus mehr als Geschlechts- und Selbsterhaltungstrieb.

Wir zivilisierte Menschen haben auf diesem Unterbewusstsein eine rationale und normierte Welt errichtet. Aber wir sind längst keine Vernunftwesen, sondern lediglich domestizierte Tiere, die beharrlich den Zugang zu ihrem Unterbewusstsein versperren und dafür allein den Weg der Logik gehen - einer Logik, deren Aggressivität vor allem das destruktive Material unsres Unterbewusstseins zu Tage fördert.

Das unbekannte ‚Selbst' der Natur, in Pflanzen und Tieren selbstverständlich, im Menschen verschüttet, gibt uns durch unser ‚Selbst-Bewusstsein' dennoch einen klaren Hinweis auf unsere Herkunft und unser Schicksal. Denn das ‚Selbst' der Natur und unsere ‚Selbst'-Begegnung mit dem Leben und Tod sind ein und dasselbe.

Die Gewissheit der eigene Sterblichkeit ist für Menschen nicht neu. Das Bewusstsein vom eigenen Tod war immer ein Teil des Menschen, der mehr oder weniger der Verdrängung unterlag.

Für moderne und zivilisierte Menschen ist die Gewissheit des Todes aber eine so dramatische Erfahrung, dass sie ihr ‚Selbst'-Bewusstsein auf den Kopf gestellt oder umgewertet haben.

Unser ‚Ich' ist nicht mehr länger sicher im ‚Selbst' der Natur, sondern braucht den eigenen Maßstab - ich will, ich muss, ich habe …

Da dieser Maßstab aber kein definiertes Maß besitzt, wie Leben und Tod sie gemeinsam formulieren, suchen moderne und zivilisierte Menschen ständig nach Selbstbestätigung, dem Beweis für die anhaltende Wirkungskraft ihrer Existenz.

Andernfalls zweifeln sie an ihrem Selbstwert, verlieren schlimmstenfalls ihr Selbstwertgefühl. Der Tod passt einfach nicht in die vorgefundene Interpretation unsres ‚Selbst' - eine Interpretation, die uns unsere Zivilisationen pausenlos bereitstellt und täglich als Ego-Futter servieren.

Der Tod, eine gleichermaßen rationale Größe wie das Leben, ist für uns moderne und zivilisierte Menschen, die wir extrem separiert sind von der Natur, daher etwas völlig Unverständliches und Irrationales.

Die Aussicht auf ein vorübergehendes Dasein, das spurlose Verschwinden seines ‚Ichs' und der Wirkung seiner gesamten Person, ist für den zivilisierten Menschen ein Schock. Da er sich aber nicht mehr auf die Natur berufen kann, die seinem Selbstbewusstsein klarmacht, dass sein ‚Ich' nur eine temporäre Illusion vorstellt, muss er dieses ‚Ich' zwangsweise durch Aktionen bzw. Eingriffe in seine Umwelt selbst definieren. Er muss es definieren, um andere ‚von sich' zu überzeugen.

Also ergeht sich der Mensch unserer modernen Zivilisationen in seine Illusion vom ‚Ich' und füllt dieses ‚Ich' mit Quantitäten - mit Materiellem und Emotionalem.

Mit gewaltigem Aufwand und noch mehr Energie grapschen wir zivilisierte Menschen unersättlich nach allem, was uns unsre Existenz bestätigt und ein Gefühl der Unentbehrlichkeit, Einmaligkeit oder Dauerhaftigkeit vermittelt.

Karriere, Besitz, Vermehrung ... alle drei bilden zwar ganz eigene Maßstäbe zur Reflexion des ‚Ichs', aber alle drei dienen erheblich dem maximalen Geltungsbedürfnis des Einzelnen.

Somit verstehen wir Karriere nicht als Broterwerb, also das bloße Mittel zur Selbsterhaltung, sondern als überhöhten Gestaltungsraum eines ‚Ichs', das sein Existenzrecht zusätzlich untermauert.

Als Besitz verstehen wir nicht den notwendigen und nützlichen Warengebrauch, sondern die unendliche Projektionsfläche eines ‚Ichs', das seinen Selbstwert in Bestehendem definiert, also durch reale Objekte optimiert.

Unter Vermehrung schließlich verstehen wir keine emotional verantwortungsbewusste und regulierte Reproduktion, sondern den sentimentalen oder inhumanen Beweis eines ‚Ichs', das seine Selbstüberzeugung nachhaltig manifestiert.

Sind Karriere und Vermehrung noch auf eine moralische Rechtfertigung gerichtet, drückt vor allem der Privatbesitz, also die Zugehörigkeit von Dingen zu einem ‚Ich', den Glauben an eine individuelle Einmaligkeit aus.

Dass ein Mensch nie mehr besessen hat oder je besitzen kann, als sein bisschen Leben, das im Handumdrehen verfliegt, kommt uns modernen und zivilisierten Menschen, im Anbetracht unsrer Projektionen, nicht mehr länger in den Sinn.

Karriere, aber noch stärker Besitz sind äußere Medien der Akzeptanz und transportieren den Wunsch einer Person nach allgemeiner Anerkennung und exklusiver Zugehörigkeit - durch bestimmte Gruppen oder andere Menschen.

Da diese äußeren Medien der Akzeptanz aber stets die inneren Qualitäten und Fehler einer Person überdecken oder kaschieren, findet diese Person vielleicht Anerkennung und Zugehörigkeit durch ihre Ich-Darstellung, aber keine Akzeptanz als Mensch mit Stärken und Schwächen.

Das Verlangen des ‚Ichs', das sich hinter der Fassade von Karriere und Besitz versteckt, bleibt unbefriedigt und enttäuscht. Aber die Angst vor existentieller Bedeutungs- und Wertlosigkeit veranlasst dieses ‚Ich' nicht zum Verzicht auf seine Selbst-Illusion und letztlich seiner eigenen Akzeptanz als Mensch.

Dieses ‚Ich' prüft, vergleicht und wechselt allenfalls seine Strategien der Gestaltung oder Projektion, doch nicht sein emotionales Motiv.

Vermehrung folgt der Selbstüberzeugung, dass die vorgefunden Bedingungen der Existenz ein aussichtsreiches Fundament zur Reproduktion bilden. Das ‚Ich' einer Person, das die Tragweite dieser Entscheidung und ihre Folgen nicht aus eigener Einsicht in den Willen der Natur gewinnt, folgt blind der kollektiven Selbst-Illusion seiner Umgebung und hat den Sinn des Lebens nicht begriffen.

Stattdessen konstruiert es durch Missbrauch der Natur den Sinn für sein eigenes Dasein und manifestiert erneut seine Selbst-Illusion.

Die Ausrichtung und Sinnfrage von modernen und zivilisierten Menschen verläuft somit ausschließlich über die möglichst effektive Verstärkung eines ‚Ichs', das seiner Selbst-Illusion folgt.

Dies vollzieht sich vom Existenzrecht, über den Selbstwert, bis zur Selbstüberzeugung.

Wie ausgeprägt Selbst-Illusion wirken kann, lässt sich ersehen an der maßlosen Ausbreitung unserer Massengesellschaften und dem ungebremsten Anstieg unserer Weltbevölkerung.

Unserer Existenz endlich gewiss, haben wir moderne und zivilisierte Menschen, mit Hilfe unserer logischen Begriffe, unser eigenes ‚Ich' vom ‚Selbst' der Natur abgespalten - und tun dies immer weiter. Umso mehr, da unsere Massengesellschaften alleine einer forcierten Mobilität, einem radikalen Rationalismus und damit einer asozialen Logik gehorchen, die jedes emotionale und holistische Zusammenwachsen von Menschen mit ihrer Umwelt vorsätzlich verhindern.

Je größer menschlicher Selbstbezug, umso zügelloser menschliche Manifestationen, menschlicher Egoismus und letztlich die Selbst-Illusion von einem ‚Ich‘ als Maß aller Dinge.

Die Menschen unserer Massengesellschaften, gezüchtet, abgerichtet und konditioniert auf Konsum, befinden sich auf der Umlaufbahn eines perfiden Egoismus, und dort sollen sie auch bleiben - bis die Natur kollabiert.

Dass die Organisatoren und Nutznießer dieses Rationalismus der gleichen Selbst-Illusion unterliegen wie die Massen, spielt keine Rolle - solange nur die uralte Kopf- und Arschhierarchie unserer Sozialsysteme gewahrt bleibt.

Jedes flächendeckende Unglück trifft zuerst die sozial Unterprivilegierten, das gemeine Fußvolk, die Massen. Erst sehr viel später und falls überhaupt trifft es die privilegierten Organisatoren und Nutznießer unserer verfehlten und maßlosen Ich-Begriffe.

Somit wird der menschliche Verdrängungsmechanismus gegen den Willen der Natur, durchs vermeintlich ‚sinnvolle‘ Anfüllen des menschlichen Bewusstseins mit selbstgeschaffenen Maßen und Begriffen, endlich auch zur maximalen Ignoranz gegen unsere Umwelt.

FÜNF

NETZWERK DER ILLUSIONEN

» Wieso? Warum? Weshalb ich?
Was aus Emotion kommt, kann nur durch Mitgefühl beantwortet, aber nie verstanden werden.

Die Frage nach der Ungerechtigkeit der Natur, dem persönlichen Schicksal oder dem eigenen Fehlverhalten ist das Unverständnis eines modernen und zivilisierten Menschen, der seine Lage nach menschlich rationalen Mustern begreift. Da sich der Sinn einer Natur, die zu seinem persönlichen Schaden agiert, seiner Logik entzieht, sucht er Schutz in spirituellen Systemen, um seinem zweifelnden ‚Ich' eine Perspektive und Sinn zu geben, die seiner irrationalen Lage gerecht wird.

Was alle spirituellen Systeme allerdings gemeinsam haben, abseits ihrer guten Absichten, ist ihre Fixierung aufs menschlichen ‚Ich' - sei es nur die einzelne Seele oder essentielle Energie.

Die Natur, da gleichgültig gegen das menschliche Bewusstsein, bleibt dabei unwesentlich. Ihr Selbstverständnis hebt den einzelnen Menschen nicht auf den Sockel seines ‚Ichs'. Dafür sorgt allein menschlicher Selbstbezug.

Ganz gleich, welchen theoretischen und ethischen Ansatz ein spirituelles System zu seiner Glaubwürdigkeit, Befolgung und Nachahmung verbreitet, die menschliche Erlösung bildet immer den Kern der jeweiligen Lehre. Zuvor muss das einzelne ‚Ich' aber sein praktisches Verhalten am Credo dieses Systems ausrichten. Andernfalls gerät die persönliche Erlösung in Gefahr oder es drohen ihm unheilvolle Konsequenzen.

Bedeutung, Wert und Einmaligkeit dieses individuellen ‚Ichs' werden also nicht nur durch die richtige Lebensweise betont. Sie nehmen auch stets Einfluss auf seinen posthumen Verbleib.

‚Erlösung' ist der paradoxe Inbegriff eines Selbstbezugs, der uns Menschen einerseits von unserer Selbst-Illusion ablösen möchte, aber andererseits unsere Selbst-Illusion gerade durch dieses Vorhaben bestärkt.

Die posthume und irrationale Separation von Körper und Geist verleiht dem menschlichen Bewusstsein noch im Tod einen Sonderstatus vor den identischen Qualitäten der Natur.

(Wir werden diese identischen Qualitäten der Natur an späterer Stelle eingehender betrachten. Im Moment sein nur gesagt, dass sowohl die Einheit, die diese identischen Qualitäten bildet, wie die Qualitäten selbst unteilbar sind.)

Auf diesem Grund dienen spirituelle Systeme weniger der Befreiung des Einzelnen von seinem leidgeprüften ‚Ich', als vielmehr dem sozialen Zusammenhalt und der Stärkung von Gemeinschaften. Der Aufruf zur ‚Selbstlosigkeit' stößt immer an die Grenzen der eigenen Organisation, die ihre Selbstdefinition beibehält.

Spirituelle Systeme arbeiten am Ende also sehr wohl für die Selbst-Illusion, selbst wenn sie mit ihrem Gemeinschaftssinn meist redliche Absichten verfolgen.

Sie können aber auch durch radikale Etablierung ihrer Lehren bewusst Bevölkerungsmehrheiten steuern und somit Kontrolle und Macht über ganze Gesellschaften erlangen.

Exakt dies geschieht beim organisierten Einsatz der Selbst-Illusion, in der eine elitäre Minderheit die ‚Ich-Begriffe' eines gesellschaftlichen Kollektivs manipuliert und dieses Kollektiv ideologisch ausrichtet. Die Herrschaftsform der jeweiligen Gesellschaften spiegelt dabei nur die möglichst günstigsten Bedingungen, auf denen diese Minderheiten oder Organisatoren der Selbst-Illusion zur optimalen Ausbeute eines Kollektivs und der Umwelt operieren.

Die Selbst-Illusion, Mitbegründerin der Zivilisation, ist das mächtigste Instrument, über das wir Menschen verfügen. Denn sie greift direkt an die universelle Wurzel der Emotionen - die genannten Fragen nach dem Existenzrecht, dem Selbstwert und dem Daseinszweck jedes Menschen, der in eine Gemeinschaft hineingeboren wird.

Wer immer die Selbst-Illusion also am Geschicktesten organisiert und einsetzt, bestimmt das Selbstbild von Gemeinschaften und die Form der menschlichen Selbstwahrnehmung.

Ihr Anfang liegt in der Organisation komplexer Gesellschaften, die mit dem Streben nach Positionen und Besitz einhergehen, kurz, mit gesellschaftlichem Ansehen und Reichtum.

Die Definition dessen, was für Menschen in Gesellschaften als erstrebenswert oder inadäquat gilt, liegt jetzt in den Händen derjenigen Interessengruppe, die den größten Einfluss auf die allgemeine Geisteshaltung einer gesellschaftlichen Mehrheit ausübt. Diese Gruppe suggeriert einer unkritischen Mehrheit die Ich-Begriffe, die fortan als Gradmesser gelten, nach denen die Mehrheit ihrerseits nun den Einzelnen beurteilt.

Folgt der Einzelne den erstrebenswerten Vorgaben und Ich-Begriffen der bestimmenden Gruppe, hält oder steigt sein sozialer und gesellschaftlicher Status. Folgt er ihnen nicht oder weicht er von ihnen ab, fällt oder verliert er seinen sozialen oder gesellschaftlichen Status.

Die Strafe für seinen Ungehorsam richtet sich dabei ganz nach der bestehenden Herrschaftsform von Gesellschaften. Der Betreffende kann jetzt ein Ketzer oder Rebell, ein Aktivist, ein Aussteiger oder schlicht ein Außenseiter sein.

Wenn auch die gesellschaftlichen Inhalte der Selbst-Illusion durch die Jahrhunderte gewechselt sind - Religion, Politik, Wirtschaft -, so sind Prinzip, Sinn und Zweck der Selbst-Illusion dennoch unverändert.

Das irrationale Potential der menschlichen Gläubigkeit, gleich welcher Art, unterlag in menschlichen Gemeinschaften immer der vorsätzlichen Steuerung von elitären Interessengruppen.

Die Sicherstellung menschlicher Fügsamkeit und die gesellschaftliche Kontrolle sind Grundvoraussetzungen zur zweckmäßigen Verwendung von Mehrheiten innerhalb von vielschichtigen Gemeinschaften und komplexen Gesellschaften.

Dass die Selbst-Illusion immer ein notweniges Instrument zur Organisation und Ausrichtung komplexer Gesellschaften war und ist, bliebt unbestreitbar.

Gesellschaftliche Massen sind wie Viehherden.

Sie lassen sich nur auf Kurs halten durch ständiges Futter. Sei dieses Futter mit religiösen, politischen oder wirtschaftlichen Inhalten versetzt. Ihre Ich-Begriffe und ihr Selbstbild müssen definiert und den Massen unentwegt suggeriert werden, sonst verlieren komplexe Gesellschaften ihre Orientierung und zerfallen.

Wir fragen an dieser Stelle nicht nach den persönlichen Motiven jedes Einzelnen, der diese Selbst-Illusion unbewusst vertieft, erkennt oder kontrollieren lernt. Unsere Motive, stets emotional, sind so zahlreich wie Sand am Meer und so undurchschaubar wie das Unbewusste.

Wir fragen daher besser nach den spezifischen Auslösern und einer möglichen Korrektur der gegenwärtigen Form einer Selbst-Illusion, die unaufhaltsam auf eine Selbstzerstörung unserer Spezies zusteuert.

Was wir Menschen zum Überleben brauchen, ist eine vernünftige Wiederannäherung unseres Bewusstseins an den Willen der Natur. Eine Reform unseres Rationalismus und eine Rückkehr unserer Solidarität gegenüber unserer Umwelt, statt der grenzenlosen Separation eines ‚Ichs‘, das nur noch seine Selbst-Illusion lebt.

Wie in der Geschichte üblich, in der immer eine Reihe von Gründen einem ganz bestimmten Ereignis vorausgehen, gibt es in der Suche nach unserem Egoismus keine singuläre Ursache, die unser ‚Ich-Bewusstsein‘ und die Selbst-Illusion so maßlos über unsere Umwelt gestellt haben.

Der Weg der menschlichen Logik, der den Rationalismus zum optimalen Nährboden seines Egoismus macht, ist lang. Er führt von der ersten Hochkultur der Ägypter über 5000 Jahre menschengemachter Geschichte, in denen die verschiedensten Interessengruppen die Inhalte der Selbst-Illusion ihren Gesellschaften stets von neuem definiert und somit die Abspaltung der Menschen von ihrer Umwelt bewusst vorangetrieben haben. Aber man kann mit Fug und Recht behaupten, dass sich Zeitpunkt und Werkzeug, an dem wir Menschen westlicher Gesellschaften unseren Egoismus maximiert haben, deutlich markieren lassen.

Mit der Industrialisierung, der Zunahme der Produktivität durch massive Nutzung von Technologie, beginnt die nachhaltige Integration des Rationalismus.

Wenn wir uns kurz die Voraussetzungen der Industrialisierung betrachten, wird plausibel, weshalb maritime Mobilität und Überseehandel, (gegebenenfalls auch Piraterie), also die kontinuierliche Beschaffung und Verfügbarkeit notweniger Ressourcen und ‚Materialien‘, den wesentlichen Faktor für ihre Entstehung und den anhaltenden Erfolg unserer Industrienationen bilden.

Die Einführung der Mechanik und der Produktivität als Mittel zur Gewinnmaximierung, führt zur zielgerichteten Mobilisierung der Massen.

Infolgedessen geraten die starren Gesellschaftssysteme plötzlich in Bewegung. Der Mensch der Massen, zuvor rigide in seine Gemeinde gebunden, wird durch ökonomischen Rationalismus ‚freigesetzt‘. Der Feldarbeiter oder Handwerker, im Feudalsystem verhaftet, wird Fabrikarbeiter. Seine persönliche Freiheit steigt und begünstigt seine individuelle Lebensgestaltung.

Die suggerierte Selbst-Illusion, zuvor primär auf religiöse und politische Inhalte gerichtet, erhält von der Wirtschaft den entscheidenden Impuls zur rationalen und finanzzentrierten Ausrichtung ihrer Gesellschaften.

Das Agrarzeitalter, in dem die Natur uns Menschen noch unsere Zerbrechlichkeit und Hilflosigkeit bewiesen hat, geht zu Ende. Es beginnt das Maschinenzeitalter, das uns mittels Technologie die Überzeugung unserer Unabhängigkeit und eigenen Stärke beschert.

Diese Form der Selbst-Illusion, die uns die Interessengruppe der Industrialisierung gebracht hat, wirkt bis in unsere Gegenwart - umso stärker, raffinierter und subtiler, je optimaler die Technologie, die ihr zugrunde liegt.

Hier beginnt auch die Entwurzelung eines ‚Ichs‘, das sich immer stärker auf seine Logik beruft und abschottet gegen seine natürlichen Quellen.

Im Laufe weniger Generationen verschieben sich die Ich-Begriffe des Einzelnen nachhaltig - von der uneinheitlichen Kontrolle durch Religion und Politik zur separierten und totalen Kontrolle durch Geld.

Mit der Industrialisierung verabschieden wir Menschen uns endgültig vom Bewusstsein unsrer unmittelbaren Abhängigkeit von der Natur. Unsere Existenz, zuvor strikt auf Selbsterhaltung gerichtet, erhält plötzlich Gestaltungsraum, in dem unser Ego mehr und mehr Einfluss gewinnt.

Das Leistungsprinzip, nun industriell organisiert, sprengt oder unterstützt die Vorstellungen vom gottgefälligen und gemeindetreuen Leben.

Das Schicksal des Einzelnen, zuvor in Gottes Hand und verankert in seiner sozialen Herkunft und Gruppe, liegt nun in seinen eigenen Händen.

Man kann sagen, der Egoismus, jetzt angelangt im geschlossen Kreislauf von Produktion, Erwerb und Konsum, wird durch Geld (Löhne und Gehälter) fixiert und personalisiert, seine Deutungsinhalte (Konsum) zugleich freigestellt.

Denn die Botschaft vom ‚Ich', das sich selbst zum Maß nehmen darf, steht auch für sich selbst.

Alles, was der Einzelne zur erfolgreichen Ich-Gestaltung tun muss, sind die Verinnerlichung von Leistungsprinzip und Funktionalismus.

Die Kehrseite dessen ist ersichtlich.

Das ‚Ich' des Einzelnen hängt nicht mehr an der Natur oder anderen moralischen oder rational unverständlichen Größen. Es hängt nur noch an seinem ‚Selbst', seiner Selbstgestaltung, seinem Selbstbild, Selbstwert, Selbstzwang und letztlich der Vervollkommnung einer suggerierten Selbst-Illusion, die ihn besser kontrolliert als jedes Zuckerbrot oder jede Peitsche.

Mit der stetigen Optimierung unserer wirtschaftlichen Rahmenbedingungen haben wir moderne und zivilisierte Menschen nicht nur die Zweckentfremdung unserer Existenz zu unserem Lebensinhalt gemacht. Wir haben sie, zur profitablen Manipulation einer naiven Mehrheit unserer Spezies, sogar zur allgemein gültigen Formel unserer Spezies erklärt.

Anders ausgedrückt, durch die Forcierung von Technologie, erst Mechanisierung, dann Automatisierung und Digitalisierung, wächst die Orientierungslosigkeit eines ‚Ichs', das emotionalen Halt sucht, durch seine künstlichen Bedürfnisse und seinen verinnerlichten Rationalismus aber keinen beständigen Halt mehr findet.

Daher muss es ständig einer Selbst-Illusion folgen, die es zur Jagd nach einem erfüllten Leben treibt.

Technologie hat für unsere Gesellschaften aus logischer Sicht gleich mehrere positive Effekte. Mit dem Grad ihrer Nutzung verbessert sich erstens, die gesamte Organisation unserer Gesellschaften. Zweitens, die Effizienz unserer Selbst-Illusion. Drittens, die Kontrolle der Massen, die aus dieser Effizienz resultieren. Und viertens, das Wesentliche: sie verbessert, verfeinert und erleichtert zugleich die Methoden der Ausbeutung von Menschen und Umwelt.

Der Typus Mensch, der angesehen, wohlhabend und zufrieden durch den Sonnenschein spaziert, entspricht exakt der Wunschvorstellung einer Gesellschaft, die auf Neid, Gier und Käuflichkeit des Einzelnen basiert.

Dass es immer nur einen Typus Mensch gab, nämlich den Typus, der sich vor Hunger für ein hartes Stück Brot im Dreck wälzt, wird abgestraft durch eine Ignoranz, die ihr Wissen um Mangel und Entbehrung verloren hat.

Wir Menschen sind keine edlen Wesen. Wir sind Tiere. Und unsere Gabe zu Solidarität und Mitgefühl, das Erkennen des anderen Menschen in uns selbst, trotz oder gerade durch eigenen Überlebenskampf gestärkt, war und bleibt immer der beste Teil unserer Eigenschaften.

Die objektive Wahrnehmung eines Menschen von einer Existenz als menschlicher Organismus ist bitter, nicht herrlich. Denn selbst die Erkenntnis und Einsicht in die eigene Beschränktheit und Dummheit hilft nichts gegen die reflexiv erahnte Macht der eigenen Emotionen.

Eine Existenz als Mensch war, ist und bleibt bitter. Aber sie ist umso mehr bitter, wenn Menschen universelle Wahrheiten leugnen und sich selbsterstellte Lügen einreden.

Dass dies häufig aus Schwäche oder Nachsicht geschieht, mag menschlich sein, ändert aber nichts an ihren Auswirkungen auf unsere existentiellen Wirklichkeiten, die ein menschliches Zusammen-

Wachsen weiter erschweren.

Die Bitterkeit, die wir hier erleben, braucht zum Schutz vor Zynismus oder extrem negativen Emotion immer wieder Abstand von ihren enttäuschten Idealen. Sie braucht eine Korrektur ihrer Vorstellungen, die sie allein in ihrer Identifikation mit unsren existentiellen Grundbedingungen erfahren kann.

Die latente Einbildungskraft des Einzelnen, die durch unsern gegenwärtigen Modus der Informationsverbreitung ansteigt, erhöht auch die allgemeine Frequenz unserer Manipulation und Manipulierbarkeit.

Unsere Informations- und Mediengesellschaften, durch Technologie optimiert, sind der ständige Nährboden unserer Wunschvorstellungen.

Werbestrategien wecken unsere Emotionen und schüren aus gefühltem Mangel unsere Erwartungen. Halten wir diese Erwartungen lange genug aufrecht und sehen sie als unseren Lebensinhalt werden sie zu Ansprüchen.

Die persönliche Erfahrung von schmerzhaften Emotionen, die mit Verlust, Krankheit und Alter einhergehen, sind die Erinnerungen der Natur, dass wir von unseren Selbst-Illusionen, verwurzelt in unserem ‚Ich‘, ablassen sollen.

Aber wir Menschen, Meister der Logik, wenn es um unsere Interessen geht, verfallen nur wiederum der regressiven Einbildungskraft unserer gesellschaftlichen Erziehung und Normen.

Von Kindheit an hat man uns unsere Besonderheit oder Einmaligkeit eingetrichtert, uns die Botschaft vermittelt ‚etwas aus unserem Leben zu machen‘, es ‚zu etwas zu bringen‘ oder ‚es zu schaffen‘. Jetzt können wir nicht mehr zurück von unserer Konditionierung.

Wir müssen erkennen, was man uns beigebracht hat - was wir sehen sollen, sehen wollen und nicht sehen sollen oder sehen wollen. Denn was wir sehen sollen - unsere Erziehung, Bildung, Sozialisation - geht immer Hand in Hand mit dem, was wir sehen wollen. Mit unseren Vorstellungen und Überzeugungen.

Erfährt unser Verhältnis zwischen der Wechselbeziehung aus ‚Sollen' und ‚Wollen' keine regelmäßige Aufmerksamkeit und Überprüfung, greifen Ignoranz und Kritiklosigkeit.

Der fehlende Einblick in grundlegende Zusammenhänge bildet von nun an die Basis unserer Beeinflussbarkeit und Einbildung. Bis wir jede unerwünschte Erfahrung durch logische Erklärungen beseitigt haben und wieder von der Richtigkeit unserer Vorstellungen überzeugt sind.

Wir behaupten, je ungeprüfter das Verhältnis der Wechselbeziehung aus ‚Sollen' und ‚Wollen', umso größer das Missverhältnis zwischen Anspruch und Existenz.

Die Selbsttäuschung, das große Übel der modernen und zivilisierten Menschen, beginnt immer im Anspruch und endet im Selbstbetrug.

Pauschal gesprochen: Das ‚Wollen' folgt meist blind zahllosen Reizen. Seine Spanne an Aufmerksamkeit ist auf Gegenwärtiges gerichtet. Daher sieht es in jeder Situation zuerst den eigenen Vorteil.

Das ‚Sollen' folgt dagegen in der Regel einer inneren Prüfung. Sein Schritt von der Wahrnehmung zur möglichen Reaktion unterliegt einem Verhaltenskodex. Daher erwägt es vorab den Ausgang seiner Handlung.

Je geprüfter also das Verhältnis der Wechselbeziehung aus ‚Sollen' und ‚Wollen', umso geringer das Missverhältnis zwischen Anspruch und Existenz.

Die Wahrnehmung von Verantwortung für die eigene Existenz ist Voraussetzung für Mündigkeit.

Sie kann für den Einzelnen nur erreicht werden, wenn seine eigenen Vorstellungen die Unveränderlichkeit natürlicher Grundbedingungen anerkennen und beachten.

Die menschliche Natur, ob individuell oder kollektiv betrachtet, kann ihr Fehlverhalten nicht ablegen, bevor sie nicht durch eine Reihe schmerzhafter Erfahrungen gegangen ist, die ihr Selbstbild den natürlichen Grundbedingungen beständig angleicht.

/

Wer seiner Selbsttäuschung auf die Spur kommen möchte, muss sich erst befreien von seiner gewohnten Art der Selbstwahrnehmung.

Die Frage: ‚Wer oder was bin ich?‘ darf hier nicht zur Frage: ‚Wer oder was will ich sein?‘ werden.

Die eigenen Masken abzuwerfen und wahrhaftig sich selbst gegenüber zu stehen, ist schmerzhaft, aber unverzichtbar, um sich selbst zu erkennen und zu akzeptieren.

Der Weg der Achtsamkeit ist nicht der einzige und direkte Weg, auf dem das Ich seine Selbst-Illusion ablegt. Aber er ist bestens geeignet zur graduellen Annäherung an die eigenen Illusionen, die sein Ich aufgebaut hat.

Der erste Schritt dieser Achtsamkeit gilt immer der Beobachtung der eigenen Verhaltensweisen.

Der einzelne Gedanke, der Konzentration und Ruhe vereint, sieht nüchtern, was seine Wahrnehmung empfangen hat und trennt die Erscheinung von der Wirklichkeit, bevor er entsprechend in Aktion tritt.

Die Übereinstimmung von Gedanke, Handlung und Zeit bei der gezielten Ausführung einer einzelnen Aktion sind die wesentlichen Merkmale einer Selbstwahrnehmung, die nichts anderes mehr erkennt, als die Vollkommenheit des Moments. Das eigene Ich geht hier bewusst in einen inneren Vorgang und findet seine Verbindung zu Körper und Umwelt.

Dies geschieht solange und häufig, bis dieses Ich gelernt hat, seine Gedanken und Handlungen so nachhaltig aufeinander abzustimmen, das es zu jeder Zeit in Verbindung zu Körper und Umwelt treten und somit seine emotionalen Extreme kontrollieren kann.

Ziel dieser ersten Form von Achtsamkeit ist die Beherrschung des kindlichen Verlangens, der hinter dem eigenen Willen steht und dem Ich ständig neue Vorstellungen liefert.

Das achtsame Ich, das seine bewusste Verbindung zum vollkommenen Moment und somit zu Körper und Umwelt gelernt hat, wird sich seinen Vorstellungen nicht mehr widerstandslos beugen. Stattdessen wird es beginnen seine Ansprüche zu hinterfragen und sogar seine Verhaltensweisen prüfen.

Auf diese Art fallen nach und nach die Masken, die den Einzelnen vom Wissen ums eigene Ich und dessen Eigenheiten trennt.

Das Ich lernt sich selbst immer besser kennen, kann seine Emotionen zurückhalten, seine Verhaltensebenen an jeweilige Situationen anpassen oder sich ihnen entziehen.

Es hat noch nicht gelernt, das es selbst nur eine Illusion ist. Aber es weis bereits, das die Lösung seiner Konflikte allein in seinem Inneren liegen und niemals außerhalb.

Sind die Hindernisse der eigenen Ansprüche erst mal beseitigt, ist die Person im Reinen mit sich selbst. Dieser Zustand bezeichnet das nüchterne, wie ernüchternde Loslassen von Selbsttäuschung.

Das Ich hat gelernt, das es jeden täuschen kann - außer sich selbst. Und es hat gelernt, das Würde nichts ist, was von Außen kommt, gegeben oder genommen werden kann, sondern im Inneren jedes Einzelnen liegt.

Erst jetzt kann sich die eigene Wahrnehmung auf Äußeres richten, wertfreie Schlüsse ziehen und das geläuterte Ich den Radius seiner Wahrnehmung erweitern. Vom eigenen Verhalten, übers Verhalten von Mitmenschen, bis hin zur bewussten Interaktion mit der gesamten Umwelt, das ein Erkennen gesellschaftlicher, ökonomischer und ökologischer Zusammenhänge einschließt.

Die Betrachtung der Natur liefert uns fortwährend Eindrücke von der unwiederbringlichen Flüchtigkeit aller Erscheinungsformen, einschließlich der eigenen Person.

Die Strömung eines Flusses ist sowohl ein Sinnbild für ständige Transformation, wie fürs Loslassen von Emotionen.

An diesem Punkt findet das achtsame, geläuterte und schließlich sensibilisierte Ich den Ursprung seiner Selbst-Illusion.

Aus lange geübter und praktizierter Achtsamkeit entsteht schließlich die Intuition für den gesamtheimlichen Organismus der Natur, der hinter jeder natürlichen Erscheinungsform steckt.

Hier endlich erhält ein Mensch, befreit von seinem ‚Ich-Bewusstsein', die Möglichkeit zum Eintritt ins Selbst der Natur.

Wir werden an gegebener Stelle auf die essentielle Funktion des menschlichen Bewusstseins bei diesem Prozess der ‚Angleichung und Verinnerlichung der Natur' zurückkommen. Gegenwärtig sei nur der Hinweis erlaubt, dass jeder Mensch, im äußersten oder spätestens Fall durch seinen Tod, ins Selbst der Natur zurückkehrt.

Der Schlüssel zur Erkenntnis der Selbst-Illusion liegt immer in der Selbst-Akzeptanz und nie in der Anerkennung oder im Verständnis durch andere. Das Scheitern und die Niederlage persönlicher Vorstellungen, die Abkehr von Erwartungen und Ansprüchen sind die Voraussetzung zur unverstellten Selbstbegegnung, aus der die universelle Gleichheit aller Erscheinungsformung resultiert.

Es ist die Befreiung von unserer menschlichen und menschengemachten Selbst-Illusion, die uns hinter die Außengrenze aller Erscheinungsformen bringt. Diese Befreiung kann erklärt, aber nie gelehrt werden. Jeder Mensch muss seinen Weg zur Natur selbst finden - wenn er tatsächlich sehen und wissen will, wogegen sein Wille, seine Logik und die Scheinordnung seiner selbstgeschaffenen Welt sich so beharrlich sträuben.

Die Natur ist für unsere Wahrnehmung immer die Außengrenze aller Erscheinungsformen.

Wir wissen, ihre Erscheinungen und Transformationen sind nur das zweckdienliche Mittel zur Ausführung ihrer biologischen, chemischen oder physikalischen Programme. Aber ihr Motiv erahnen wir erst durch unsre Intuition.

Was dieses Motiv eigentlich ist, wie es sich darstellt und wodurch es entsteht, wird sich uns hier noch zeigen.

SECHS

WER DAS CHAOS SÄT

》》 Mehr Autonomie heißt mehr Verantwortung.
Aber der heutige Stand an Autonomie begüns-
tigst stärker die Anarchie von Konzernen, den
persönlichen Egoismus und die pseudo-Individua-
lität konsumwilliger Massen, als die Förderung
einer nachhaltigen Ökologie.
Die Geburtenprävention in Weltgebieten mit Überpopulation und das Renaturieren verlorener Kern-
gebiete - sie werden, im Zuge einer kapitalgesteu-
erten Globalisierung mit ihren irrelevanten Versprechen, völlig vernachlässigt.
Die globale Verantwortung der menschlichen
Spezies, erst mit der erschreckenden Zerstörungskraft der Wasserstoffbombe ins Bewusstsein gerückt, hält tatsächlich bereits seit der Industrialisierung nicht mehr Schritt mit dem
Tempo ihrer eigenen Entwicklung.
Die Resultate aus diesem ungezügelt anwachsen-
den Missverhältnis sind in Umwelt, Politik und
vor allem Ökonomie mehr als ersichtlich.

Das rettende Ufer einer Technologie, zwar funktionstauglich in Teilbereichen, aber bisher untauglich zu globaler Integration und Regulierung menschlicher Eigenart, bleibt ein fragwürdiges Unterfangen.

Der menschliche Makel der Unvernunft, oft verheerend und selten grandios, aber mit sehnlicher Erleichterung von menschlicher Eigenverantwortung auf die Technologie abgedrückt, kann keine Lösung sein, um den evolutionären Platz der Spezies über die nächsten Jahrhunderte zu sichern.

Der Mensch braucht die Natur, und er braucht die Erde. Nicht umgekehrt.

Will man als Spezies überleben, muss sich erst die Geisteshaltung der menschlichen Spezies grundlegend ändern. Aber diese Veränderung kann nur von oben nach unten stattfinden. Dazu mit der gleichen Überzeugung, die zuvor aus der Bestechlichkeit des Einzelnen eigene Vorteile gezogen hat.

Begriffe wie Wachstum und Konkurrenz gehören endlich in die Mottenkiste einer Expansion, die ihre eigene Absurdität tatenlos hinnimmt.

Die allegorischen Vergleiche, die sich hier aufdrängen sprechen für sich.

Der Wagen rast mit Tempo Richtung Abgrund, aber sein Fahrer behält seinen Kurs unverändert bei. Weder bremst er noch weicht er aus.

Und der einzige Gedanke dieses Fahrers ist nicht die Sorge vor dem Abgrund, sondern der Wunsch, dass sein Wagen noch schneller fährt.

Überleben ist noch immer eine Frage der Anpassung an die Bedingungen der Umwelt, nicht eine Frage der Anpassung der Umwelt an die eigenen Vorstellungen. Das hohe Ross der Ignoranz, auf dem wir Menschen sitzt, kann nur stolpern.

Und der Weg der reinen Mach- und Anwendbarkeit zäumt dieses Ross nur immer vom falschen Ende auf.

Was sich als Maxime für jeden Einzelnen formulieren lässt, gilt in diesem Zusammenhang für die Gesamtheit aller Menschen.

Strategien, die auf den ersten Blick nützen und schnelle Vorteile bringen, schaffen noch längst keine Nachhaltigkeit. Im Gegenteil. Meist straft auch hier die Erfahrung existentieller Wirklichkeiten die Vorstellung der guten Absicht Lügen.

Allein der durchschnittliche Energieverbrauch jedes Einzelnen pro Jahr, (vor allem in westlichen Gesellschaften) übersteigt bei Weitem seinen biologischen Eigenwert. Und der jährliche Energieverbrauch jedes Einzelnen wächst weiter - global, mit geometrischer Geschwindigkeit und auf unbegrenzte Zeit.

Eine Unterscheidung zwischen regulierbarem Energieverbrauch und endgültigem Energieverlust ist hierbei unwesentlich.

Die Bekämpfung von Auswirkungen, selbst bei messbaren Erfolgen, ist keine Bekämpfung der eigentlichen Ursachen.

Selbst die Rückgewinnung von Sekundärrohstoffen löst nicht das Problem der Emission. Auch kein möglicher Verzicht auf Einwegprodukte, besonders Gummi und Plastikstoffe, die noch immer die Endkette der Verwertbarkeit bilden.

Die Energiegewinnung aus fossilen Brennstoffen ist und bleibt der entscheidender Faktor für die Zerstörung der biologischen Grundlagen.

Der Mangel an sauberem Trinkwasser und die massiven Überschwemmungen in einzelnen Weltregionen sind nur Vorreiter einer klimatischen Katastrophe, die durch menschliches Fehlverhalten im Hier und Heute zusätzlich befeuert wird. Die Natur braucht uns Menschen nicht. Aber wir Menschen brauchen die Natur.

Dass der lokale Zustand der Umwelt einen erheblichen Einfluss auf die geistige und körperliche Gesundheit von Menschen ausübt, belegen unzählige psychologische und medizinische Studien.

Die extreme Wohnraumdichte in Großstädten begünstigt Spekulation, Verslumung, sozialen Unfrieden und Kriminalität.

Die selbstgeschaffenen Strukturen und künstlichen Räume unserer Zivilisationen sind nicht länger unser Glück, sie sind unsere Nemesis.

Unsere Gesellschaften sind die Falltüren unserer Seelen und die Ketten um unsere Körper.

Allein die Architektur unserer Wohn- und Lebensräume gibt Aufschluss über unsere selbstformulierte Unterdrückung. Beton, Glas und Stahl, die Baustoffe unseres rationalen Zeitalters, pressen uns Menschen in ein körperliches und seelisches Korsett, verstärken unsere Nervosität und erhöhen das Maß unserer emotionalen Desorientierung. Wir zivilisierte Menschen denken ausschließlich in Geraden und Körpern, die im natürlichen Bestand oder Wachstum unserer Umwelt überhaupt nicht existieren und keine Verwendung finden.

Was Leistungs- und Zeitdruck, die Konstanten unserer Arbeitswelt, in unseren Köpfen und Körpern in Gang setzten, führen Verhaltensnormen und Gruppendynamik folgerichtig fort.

Die Intensität unseres Funktionalismus, die Vielschichtigkeit unserer sozialen Interaktionen und Sozialisation, das Tempo unserer Umwelt -

das alles gefährdet unsere emotionale Stabilität und begünstigt Erkrankungen jeglicher Art -

vor allem psychische.

Die Schule der Existenz arbeitet nicht nach reiner Logik, nach Zeitvorgaben oder Leistungsprinzip. Das Erlernen komplizierter Denkleistungen lässt sie kalt. Sie arbeitet allein nach emotionaler Erfahrung. Wie die persönliche Entwicklung eines Menschen allgemein, benötigt auch die Verarbeitung seiner Erfahrungen ein ganz individuelles Maß an Zeit. Greift man in diese Verarbeitung, betreibt Verdrängung oder beschleunigt seine Abläufe, erhöht sich automatisch die Tendenz für psychische Störungen.

Unsere primitiven Instinkte sind nur kaserniert, versteckt unter der dünnen Oberfläche unserer Erziehung und Kultur, aber stets reaktionsbereit. Alles, was sie zur Aktivierung benötigen, sind anhaltende Stimulanz oder konkrete Auslöser.

Umso mehr leistet unser erhöhter Kontrollzwang unserem Kontrollverlust Vorschub.

Der Druck der Zivilisation treibt uns in die Enge und vermindert unsere Hemmschwelle. Bei fehlender Widerstandskraft und Kontrolle greifen die Instinkte, und sie lösen das Ventil jener Einzelnen, die unsere Tagesnachrichten überfluten.

Der Ohnmächtige holt sich seine Macht, mag sie auch noch so geringfügig oder wirkungslos sein. Im günstigsten Fall in Alltagssituationen, indem er anderen Menschen eins auswischt. Im Extremfall nimmt er anderen Menschen oder sich selbst das Leben.

Mobbing, häusliche Gewalt, Vandalismus und privater Terror sind dabei nur der gewöhnliche Teil an zwischenmenschlichem Fehlverhalten.

Niemand kann die Verantwortung über seine eigene Handlungen durch sein Umfeld, seine Erziehung oder Einflüsse rechtfertigen. Aber ihre

Ursachen wie Orientierungslosigkeit, mangelnde Perspektiven und Frustration, sind weiterhin gesellschaftliche Phänomene und tief verwurzelt in den sozialen Systemen unserer Zivilisationen.

Wir zivilisierte Menschen erschlagen uns nicht mehr gegenseitig mit Knüppeln, wir nageln uns nicht mehr gegenseitig an Kreuze oder töten uns gegenseitig in Kriegen. Denn unsere Methoden sind subtiler und effektiver. Wir erschlagen und töten uns mittels Gleichgültigkeit, Opportunismus oder Duldung. Im Großen wie im Kleinen.

Wir sind keine vermeintlichen Barbaren mehr, die töten, weil sie töten müssen. Wir sind grausame Kinder, die zerstören, weil sie zerstören können.

Unsere Abscheu vor Gewalt ist nicht durch Gesetze und die Furcht vor Strafen begründet, sie ist verankert in unserem Bekenntnis zur Gemeinschaft, unseren Moral- und Glaubensbegriffen, die uns alle schützen.

Dies hindert den Ohnmächtigen aber nicht am schnellen Griff nach Macht, der ihm kurze Beachtung und Befriedigung verschafft.

Unsere Zivilisationen, längst zu groß, zu komplex und zu unflexibel, um ihre Strukturen zu reformieren, vernachlässigen zunehmend das Wohl ihrer Menschen, sowohl des Einzelnen als der Mehrheit. Und sie bestärken von Grund auf unser Fehlverhalten - allein durch die Unterstützung und Verbreitung falscher Anreize.

Die profitablen Hirngespinste von infinitem Wachstum und selbstbestimmter Freiheit innerhalb den Strukturen unserer Zivilisationen, schlagen Wurzeln in unserer Lebensauffassung.

Das Gros an Geld und folglich die Macht an gesellschaftlichem Einfluss, war und bleibt immer in den Händen von Eliten, die ihre Eigeninteressen über das Wohl von Massen stellen.

Unsere Massen sind zweckdienlich, mehr nicht. Ihre Einfalt ist der Gestaltungsraum der Eliten. Ihr blinder Glaube an Teilhabe das Mittel der Manipulation, das die Strukturen festigt.

Geld behebt keine menschlichen Missstände und beseitigt keine Ungerechtigkeit, es manipuliert nur das Bewusstsein des Einzelnen. Geld verstärkt die Missstände von Gesellschaften und vertieft die Ungerechtigkeit gegenüber der Natur. Seine Spielregeln sind definiert von Eliten, die sich bereits im Besitz von Geld befinden. Zur Aufrechterhaltung ihrer Privilegien, Schutz ihres Eigentums und Vergrößerung eigener Vorteile investieren diese Eliten erhebliche Geldsummen in die Manipulation unsrer leichtgläubiger Massen, halten Besitzlose somit arm und vermehren das Eigentum Besitzender.

Der historische Materialismus hat das Kind beim richtigen Namen genannt. Aber er hat in seiner Umsetzung die menschliche Natur missachtet, die im Unwissen ihrer emotionalen Motive agiert.

Das menschliche Bewusstsein hat noch nicht die Stufe erreicht, um zu erfassen, dass Freiheit und Gleichheit keine Gegensätze bilden, die sich ausschließen, sondern eine Einheit bilden.

Erst wenn die Mehrheit aller Menschen begreift, dass jeder Einzelne für seinen Nächsten steht und seine Freiheit keinem persönlichen Urteil mehr unterliegt, hat die menschliche Spezies vielleicht eine beständige Überlebenschance.

Dass wir alle die Ursachen und Konsequenzen marktstrategischer Manipulationen beharrlich ignorieren, liegt daher alleine am emotionalem Antrieb für unser Verhalten. Wir verpassen diesem Verhalten eine scheinbare Logik, um es vor uns und anderen zu vertreten - selbst wenn dieses Verhalten uns und andere schädigt.

Die Wurzel jeder menschlichen Sichtweise und Handlung entsteht im Unbewussten und hat emotionale Gründe, die ganz individuell in Erziehung und Persönlichkeit stecken.

Die unreflektierte Erziehung zum Leistungsprinzip, die Beschlagnahmung unserer Kinder mit ‚unseren' Vorstellungen zu ‚ihrem' Leben, unsere Wünsche nach Anerkennung durch strategische Anpassung und Leistung - das alles hat emotionale Gründe, die sich lediglich rational tarnen.

Die Menschen unserer Zivilisationen entsprechen nicht gesellschaftlichen Normen und Konventionen, weil sie daran glauben. Sie konsumieren und funktionieren nicht im Rahmen gruppendynamischer Vorgaben, weil sie an den Selbstzweck ihrer Zivilisationen oder ein perfektes Leben glauben. Das alles sind für sie nur Mittel zum Zweck. Die Menschen hoffen durch ihre Entsprechungen allein auf *persönliche Akzeptanz* als Mensch - durch andere. Nichts weiter.

Dass unsere Zivilisationen uns Menschen dieses Versprechen geben, aber meist nicht einlösen, bleibt irrelevant für den Einzelnen, wie seine soziale Gruppe. Dafür ist die Manipulation bereits zu stark mit emotionalen Gründen verstrickt.

Wir stellen klar, es geht hier nicht um eine Anklage irgendwelcher Eliten oder irgendwelche Plädoyers für soziale Gerechtigkeit.

Es geht hier nur um eine sachliche Analyse der Strukturen und Systematik unserer Zivilisationen, die Einsicht in ihre Strategien und ihre Einordnung in ein gesamtheimliches Bild.

Erst von hier erkennen wir unsere Zivilisationen, ganz neutral jeder Wertung, wie sie sind.

Unsere Zivilisationen sind anarchistische Gebilde mit selbstzerstörerischer Ausrichtung, die sich durch ihre umweltfeindlichen Auswirkungen völlig gegen die evolutionäre Ordnung der organischen Welt richtet.

Wir mögen mit einer gewissen Berechtigung an den Wert unserer Zivilisationen glauben, den Nutzen unserer Gemeinschaften, den Sinn einer gerodeten Wildnis und umgestalteten Umwelt. Aber wir haben das innere Gleichgewicht der Umwelt nachhaltig missachtet, haben nie das verträgliche Maß zwischen eigener Gestaltung und dem natürlichem Gebilde gefunden.

Wir haben unser organisiertes Chaos gegen die Ordnung der Natur gestellt. Und dafür müssen wir zahlen.

Das mag überspitzt oder subversiv klingen, beschreibt aber noch mal den Ansatz den Auswirkungen, die unsere Existenz aufs natürliche Gleichgewicht ausübt.

Der Kredit an Energie, Egoismus und Überfülle, den wir uns alle nur hundert Jahre lang bei der Natur genommen haben, wird unsren Massen sehr bald durch eine lange Phase an Hunger, Verelendung und Mangel am Nötigsten wieder schmerzhaft abverlangt.

Niemand in unseren maroden und verrottenden Zivilisationen kann sich von der Verantwortung für die menschenfeindliche Entwicklung der Umwelt freisprechen, die bereits spürbar ist.

Dass es die Menschen, die am Ende unserer gesellschaftlichen Nahrungsketten stehen, am Härtesten trifft, ist natürlich selbstverständlich.

Ursache ist nicht Wirkung, Machbarkeit nicht Einsicht. Das Verhalten des Menschen muss sich ändern, nicht der Rahmen seiner Strategien.

Was die Zukunft auch bringt, die gegenwärtigen Entwicklungen deuten auf rasante und tiefgreifende Verschiebungen im menschlichen Selbstbild. Unsere Zivilisationen, die unser Selbstbild in den letzten Jahrhunderten geformt haben, werden zu ihrer Selbsterhaltung drastische Schritte unternehmen.

Wie einst durch Religion, erhält das menschliche Individuum eine Neudefinition und Neuausrichtung - und beides auf den Grundlagen selbstverschuldeter Umstände.

Die Schule des Pragmatismus, einst erfolgreicher Eckpfeiler jeder Zivilisation, wird sich an diesem Punkt notgedrungen reduzieren auf Unabdingbares. Die Menschen müssen und werden sich hier dem Regelwerk der Natur wieder annähern. Der Einzelne, wie seine ganze Spezies.

Auf die eine oder die andere Weise ...

Dazu braucht es keine Wissenschaftler und keine Propheten.

>SIEBEN/

KINDER DER ENTFREMDUNG

» Wenn wir Menschen uns die Natur vorstellen, denken wir zuerst an grüne Pflanzen, vielleicht an Berge oder das Meer.

Aber die Natur ist sehr viel mehr.

Die Natur ist ein allumfassendes und autonomes Gebilde, in dem alle Teile ihren Platz, Sinn und Zweck erfüllen. Nichts geschieht hier zufällig, nichts ohne Ordnung und nichts ohne Zusammenhang. Was auch immer entsteht oder vergeht, es entsteht und vergeht dank der Natur.

Die Natur ist überall. In jedem Lebewesen, jedem Erdklumpen, jedem Windstoß und jedem Regentropfen - ob als komplexe Verbindung, reines Element oder bloßes Phänomen. Die Natur ist der perfekte Organismus, und wir Menschen können weder je die Perfektion dieses Organismus erreichen noch seine Zusammenhänge restlos ergründen - auch nicht oder erst recht nicht durch Technologie. Der Radius unserer Gestaltung ist begrenzt auf die Wirklichkeiten unserer eigenen Existenz.

Die Natur dagegen umfasst alles - das Leben, den Tod und sämtliche Prozesse der physikalischen, chemischen und biologischen Transformation.

Aber die Natur ist nicht nur auf dieser Erde präsent. Ihre Kräfte und Gesetze steuern und verwalten das ganze Universum, jeden Planeten und jedes kosmische Phänomen.

Die Natur ist die Gesamtheit aller biologischen, chemischen und physikalischen Erscheinungen und Vorgänge in sämtlichen Sonnensystemen - ob sichtbar oder unsichtbar, erfahrbar oder verborgen, messbar oder unkenntlich.

Wir finden sie in jeder Ritze unsrer Zivilisation, finden sie an allen Orten, finden sie in jedem Raum, den wir betreten - als Unkraut, Straßenschmutz oder in Form von Mikroorganismen.

Die Natur ist ewig, und was wir Menschen auch bisher von ihr wissen und jemals wissen werden - es ist und bleibt gering.

Unsere Logik, selbst die optimalste Technologie, zeigen uns immer nur die Spitze eines Eisbergs, die am Ende wiederum unser spirituelles Bedürfnis einfordern muss, um diesen unbekannten Eisberg nur zu erahnen.

Aber schon das geringe Wissen, das wir durch unsere Logik der Natur abgewinnen, ist so unfassbar in seiner Vielfalt, dass es uns bereits den Atem verschlägt und Anlass zu zahllosen Spekulationen und Theorien gibt.

Die Natur ist Stoff, Form, Grundlage und Abbild einer Existenz, die auf einen unüberschaubaren Komplex aus funktionaler Dynamik baut.

Dieses dynamische System wirkt mit unfehlbarer Perfektion - auf sämtlichen Ebenen und in sämtliche Richtungen. Dazu simultan, unterschiedslos und bis ins Unendliche - und vor allem durch Ausgleich. Global expansiv, regional reduktiv. Hier üppig, dort karg. Aber immer im Streben nach Stabilität sämtlicher Teile und einem inneren Gleichgewicht des Gesamten.

,Wie?' die Natur das Zusammenwirken ihrer einzelnen Kräfte ohne erkennbare Instanz aufeinander abstimmt und steuert, bleibt für uns Menschen ein Rätsel. Aber wir wissen, die Natur steuert auch erheblich unsre eigenes Verhalten.

Wir wollen dem Rätsel der Natur zu einem späterem Zeitpunkt ausführlicher nachgehen.

An dieser Stelle sei nur erinnert: Der Schlüssel zum Verständnis der Natur mag zum Teil in der wissenschaftlichen Beobachtung ihrer zyklischen Muster, ihrer Vorgehensweise und ihren Abläufen liegen. Aber noch mehr liegt dieser Schlüssel in uns Menschen.

Wir tragen die Natur nicht nur in uns, wir sind Natur. Sie ist unser Erbteil, unser Recht und unsere Pflicht, von der kein Mensch sich lossagen kann. Die Natur und die spirituellen Vorstellungen unserer Spezies von einer göttlich Instanz sind nahezu identisch - bis auf einen Unterschied. Das Göttliche ist alleine die menschliche Interpretation der Natur. Die Natur selbst benötigt keine Interpretation.

Daher treffen sich die Natur und die Vorstellung des Göttlichen zwar im menschlichen Bewusstsein, aber trennen sich in der Form, in der wir Menschen der Gegenwart unser eigenes Selbstbewusstsein betrachten.

Wir verleugnen das Recht der Natur auf unser Selbstbewusstsein, das wir durch die organische Welt konkret betrachten und berühren können.

Stattdessen übergebe wir unser Selbstbewusstsein der abstrakten Selbst-Illusion eines ,Ichs', das uns durch seine Unersättlichkeit in einen destruktiven Egoismus treibt.

In die Natur können wir jederzeit eingehen. In die Selbst-Illusion unseres ‚Ichs' nicht. Denn unser ‚Ich' stößt uns immer wieder aus von diesem ‚Ort der Einheit mit uns selbst'.

Auf diese Art passiert genau das Gegenteil dessen, wozu wir Menschen durch unsere Geburt eigentlich verpflichtet sind: Die *Achtsamkeit* für unsere Umwelt und die Bewahrung der Natur.

Von Kindheit an verlieren wir moderne und zivilisierte Menschen immer mehr die Verbindung zur Natur. Bis wir uns als Erwachsene vollständig auf Dinge konzentrieren, die unser Bewusstsein vom Tod, der eigenen Entbehrung und dem Sinn einer reinen Existenz komplett verdrängen. Statt kurz- und zurückzutreten, statt uns klarzumachen, wie unwichtig wir sind, treten wir auf, treten vor. Wir machen uns wichtig und fordern - dazu meist mehr, als wir selbst verkraften. Wir errichten künstliche Räume und Systeme, vertrauen auf Technologie, auf selbstgeschaffene Strukturen und die damit bestehende Ordnung. Der künstliche Raum ist für viele Menschen fast schon zur Heimat geworden. Die Natur und ihre existentiellen Abläufe sind ihnen fremd.

Zugleich bewegen wir uns inzwischen in einer Gesellschaft, die feststeckt in Normierung und Standardisierung. Ideologien oder alternative Konzepte finden in der breiten Masse längst kein Echo mehr.

Jede Idee, jede Anstrengung zur Reformierung antiquierter Konzepte, sei es eine ökonomische oder ökologische Neuausrichtung unsrer Massengesellschaften, werden auf Basis öffentlicher Diskussion und Abstimmung völlig negiert. Stattdessen werden politische Stagnation, Massenmanipulation und eine finanzzentrierte Restauration betrieben, die jede Entscheidungsgewalt weiter zentralisiert. Es fehlt an menschlichem Vertrauen - aus enttäuschter Hoffnung.

Was vor der Öffentlichkeit propagiert und was tatsächlich getan wird, beweist nur die antiquierte Haltung unserer Gesellschaftssysteme gegenüber der Verteilung von Macht.

Wir sprechen von *Demokratie* (auch Basisdemokratie), sprechen von Völkerverständigung und Gerechtigkeit. Aber wir leben sie nicht - oder wir leben sie falsch. Wir wissen, dass die Grenzen, die wir zwischen Staaten, Gesellschaften und Gruppen, zwischen uns und anderen ziehen völlig willkürlich sind. Aber wir ziehen sie, weil unsere frühzeitliche *Stammespräferenz* unser Verhalten codiert hat. Wir ziehen sie, weil unsere emotionale Verletzbarkeit uns Schutzmechanismen vorschreibt. Wir ziehen sie, weil wir den Anderen in ihrer *Fremdartigkeit* den besseren Teil unsres eigenen Wesens nicht zutrauen.

Also erfinden wir Kategorien, betreiben religiöse, kulturelle und ethnische Selektion. Und wir rechtfertigen sie mit Kategorien.

Wir leben in der selbstgeschaffenen Isolation von Häusern und Wohnungen, wir verschließen unsre Türen, schützen unsren Besitz. Wir umzäunen unsere Grundstücke, stellen Schilder auf: Betreten verboten! Kein Durchgang! Privatbesitz! Unsere Sprache ist durchdrungen von Besitzanspruch: Meins! Deins! Unser!

Unsere Emotionen werden beherrscht von Misstrauen und Angst, unser Verstand korrumpiert von Gier und Neid.

Regierungen sind immer Abbilder ihrer jeweiligen Gesellschaften und gewähren somit deutliche

Einblicke in die allgemeine geistige Gesinnung ihrer Bevölkerung.

Je egoistischer und rücksichtsloser nun die Haltung des Einzelnen in einer Gesellschaft, umso arroganter und elitärer die Ausrichtung ihrer Regierenden.

Die Bewusstseinsstufe der tragenden Mehrheit eines Staates deckt sich nicht umsonst mit dem inneren und äußeren Verhalten dieser Staaten.

Die Regierungen unserer Welt errichten immer mehr Mauern, vertiefen Separation und Restriktion, aber betreiben keine tiefgreifende Kooperation. Ihr Austausch gilt noch immer primär finanziellen Interessen, aber nicht einer gemeinsamen Lösung der ökologischen Katastrophen, die bereits stattfinden und uns noch bevorstehen.

Mit Berechnung streichelt man in kapitalistischen Gesellschaften das Ego, erhält mit dieser Taktik den Komplex. Aber hilflos schließt man die Augen vor den externen Folgen der eigenen Unfähigkeit zum Wandel.

Das menschliche Ego, das seit Jahrtausenden in der zunehmenden Organisation der Gruppe ein Mehr an persönlichen Vorteilen entdeckt hat, ist ungebrochen erhalten - trotz aller Solidarität und Zugeständnisse an die Gemeinschaft.

Religion, Wissenschaft und Ethik reformieren Gesellschaften, aber sie finden nach wie vor keinen Zugriff auf dieses Ego, das ganz unterm Einfluss der eigenen Bereicherung steht.

Man darf bezweifeln, dass es ihnen je gelingt.

Die Zivilisation als Ganzes hat sich inzwischen gemütlich eingerichtet im Glauben an die Optimierung ihrer Errungenschaften. Und das in sämtlichen Lebensbereichen. Aber dieser Glaube fördert nur die Ignoranz gegenüber der Natur.

Eine Ignoranz im Übrigen, in denen mögliche Fragen einzelner Teile bereits viel zu lange vorab beantwortet worden sind.

Wohin steuert die menschliche Spezies eigentlich? Und wie will sie überleben?

Der bestehende Funktionalismus beinhaltet vor allem eine Optimierung, die in Wahrheit regressiv verläuft und das überholte System der Massengesellschaften am Leben hält.

Natürlich hat der Geist der Theorie auch hier bereits eine Lösung und ist seiner Zeit voraus. Aber er hat den Körper der Praxis vergessen.

Die Natur vergisst nichts.

Ursache und Wirkung, Aktion und Reaktion sind Hand und Fuß der Natur, die für jedes Szenario eine Lösung bereithält. Wir Menschen nicht.

Jetzt kann man behaupten: Wenn die Natur das menschliche Verhalten steuert, welche Verantwortung tragen dann wir Menschen an unsrem Fehlverhalten gegenüber der Natur?

Die Natur steuert das menschliche Verhalten nur bis zum Grad der Selbsterhaltung. Ihre Triebe und ihr biologisches Programm sind festgeschrieben, aber nicht die Zweckentfremdung der Existenz und der maßlose Besitzanspruch.

Die Ursache dieser beiden Faktoren sind einerseits die prophetischen Religionen mit ihren raumgreifenden Codes. Andererseits die fortschreitende Technisierung mit ihrer Predigt eines optimierten Rationalismus.

Auf den ersten Blick wirkt die Synthese dieser beiden Faktoren wie das noble Motiv unserer Spezies. Aber das täuscht.

Denn der modus operandi unseres Rationalismus ist längst nicht mehr der Glaube an die Bestimmung des Menschen als auserwähltes Geschöpf Gottes. Dieser Glaube ist passe und dient alleine der öffentlichen Integrität.

Was unsere Eliten tatsächlich zum eigenen Egoismus und zur Ausbeutung der Massen antreibt, sind der Verdruss gegen die Unmündigkeit der menschlichen Mehrheit und die Gleichgültigkeit gegenüber der eigenen Spezies.

Mag die Symbiose aus Technisierung und Spiritualität einst der Impuls unserer modernen Zivilisationen gewesen sein. Unsere Eliten haben sich vom Glauben an diese Erde abgewendet. Daher steuert das Projekt expansiver Zivilisation auch unumkehrbar in den Abgrund.

Vielleicht müssen unsere Zivilisationen erst zerschellen, müssen wir mit ihnen zerschellen. Vielleicht muss uns Menschen der Überlebenskampf um Nahrung erst wieder klar werden, müssen wir uns vor Hunger wieder im Dreck wälzen, bevor wir verstehen, dass wir Teil der Probleme sind, die wir schon so lange und intensiv bekämpfen. Vielleicht hilft uns das, unseren festen Platz in der Natur endlich zu erkennen ...

Man kann darauf hoffen, aber man darf es auch bezweifeln.

ACHT

ERFUNDENE SELBSTWERTE

» Emotionen sind immer persönlich.
Sie sind das Ureigene, Unverwechselbare, nur ein elektro-chemischer Reiz im Limbischen System. Aber dennoch das bewusste oder unbewusste Motiv jeder menschlichen Reaktion, Verhaltens- oder Handlungsweise.

Wir Menschen benötigen ein persönliches Motiv zur Selbstaufgabe. Da wir aber die persönliche Verbindung zwischen uns und anderen nicht erkennen, bleiben unsre Reaktionen, Verhaltens- und Handlungsweisen egoistisch.

Das Ungleichgewicht unsrer emotionalen und rationalen Extreme bestimmt unser Sozialverhalten. Wir bieten ein hohes Maß an Solidarität. Aber dieses hohe Maß gilt primär persönlichen Beziehungen, nicht denen, die wir nicht kennen.

Die Basis der Solidarität wird zuerst erfasst durch die emotionale Haltung gegenüber Nachstehenden. Je weiter sich unser Beziehungskreis erstreckt, umso rationaler wird unsre Haltung. Je geringer also unser Anteil am Leben anderer, umso geringer unsre Solidarität.

Wir lieben unsre Kinder und Partner, lieben vielleicht unsre Eltern und ‚besten‘ Freunde. Aber hier endet bereits unsre situative Bereitschaft zur Selbstaufgabe. Fremde kümmern uns nicht. Bestenfalls dulden wir sie und lassen sie gewähren, schlimmstenfalls dienen sie uns als Feindbilder, die unsere Frustration kompensieren.

Die Übereinstimmung kultureller Aspekte verbindet ebenso, wie ihre Abweichungen trennen. Daher sehen wir in Fremden immer erst die Andersartigkeit, bevor wir durch persönlichen Kontakt und emotionale Resonanz die menschliche Wesensgleichheit erkennen.

Das Einzige, das in unsren Gesellschaften die Distanz zwischen Emotion und Rationalität überbrücken kann, ist das Erlebnis persönlicher Not oder gleicher Missstände. Da diese Not oder Missstände in unsrer optimalen Organisation aber nur temporär oder individuell sind, bleibt der kollektive Modus der Solidarität unangetastet.

Unsere Gesellschaften sind der Solidarität unsrer Urgemeinschaften entwachsen. Die aufgebauten Hürden zivilisierter Anonymisierung sind zu groß, um sie als gesamte Spezies zu überbrücken. Die Systeme unsrer Zivilisationen sind so wenig auf Gleichheit ausgerichtet, wie die menschliche Natur, die noch im Dilemma ihrer emotionalen und rationalen Extreme steckt.

Die Frage der Solidarität ist keine rationale Frage, es ist die emotionale Barriere unsrer unveränderten Gesellschafts- und Machtstrukturen, die uns kollektiv oktroyiert werden.

Ein Jäger und Sammler besaß nie mehr, als er zum Leben benötigte. Sein Selbstbild war noch verwurzelt in der Natur, wie seiner Seele. Die Natur für ihn absolut. Er selbst war Teil der Natur und die Natur Teil seines Wesens. Sein plötzlicher Tod immer gegenwärtiger Bestandteil seiner Lebenswirklichkeit, und seine Unterwerfung unter den Willen der Natur vollkommen.

Ein Wald, ein Fluss oder eine Wiese besaß für einen Jäger und Sammler keinen materiellen Gegenwert, da sie Inbegriffe seiner Lebenswirklichkeit und Teile seines vergänglichen Selbst waren. Ein Wald gehörten für diesen Menschentypus zu einem harmonischen Gebilde, mit dem er völlig in Einklang stand. Die Vorstellung einen Fluss oder eine Wiese zu besitzen, war für ihn so abwegig, wie für uns der Kauf oder Verkauf von Wolken.

Mit der menschlichen Sesshaftigkeit beginnt die allmähliche Loslösung von den absoluten Bedingungen der Natur. Es beginnt das Bewusstsein einer graduellen Autonomie.

Die Frage und Antwort nach dem Göttlichen sind zwar noch verwurzelt im Naturkreislauf und der göttliche Status der Natur intakt. Aber der Eingriff in die Natur, der den gestalterischen Aspekt des Dauerhaften ausdrückt, markiert bereits die Geburtsstunde eines menschlichen Egoismus, der nun organisiert wird.

Die Menschen begreifen sich jetzt als Mittelpunkt der Erde, nicht länger als Teil seiner Umwelt.

Mit dem Bild einer unsterblichen Seele, losgetrennt von der Natur, dazu einer göttlichen Instanz, die nun über der Natur steht und ihr nicht länger innewohnt, wird der organisierte Egoismus endlich die treibende Kraft des menschlichen Verhaltens.

Sie erschafft den Missionar der Zivilisation - mitsamt seinem göttlichen Herrschaftsauftrag.

Der göttliche Status der Natur fällt.

Ein Baum, der keine Ehrfurcht mehr weckt, wird jetzt zu Nutzholz. Ein Tier, das seine Seele verliert, zum Mastvieh. Und ein Mensch, der göttlichen Gnade sicher, zum Mittelpunkt seiner eigenen Existenz.

Dieses Denken von sich selbst als eigenständige Einheit, abgegrenzt von ihrer Umwelt, ist der Leitfaden des Egoismus, der sich von den ersten Hochkulturen bis in unsre gegenwärtige Massengesellschaften zieht.

Der einzelne Mensch, von reiner Selbsterhaltung angetrieben, maximiert durch die Strategie der Gruppenorganisation plötzlich seinen Gestaltungsraum, in dem sein Ego nun die Steuerung über Dinge übernimmt, die nichts mehr gemein haben mit der ursprünglichen Selbsterhaltung.

Folglich wird der menschliche Geist zum Selbstverwalter überschüssiger Reserven und Energien, die er durch Sach- und Gegenwerte bemisst.

Die Anhäufung und Verinnerlichung von Materiellem ist von nun an der direkte Ersatz für den verlorenen Teil eines menschlichen Bewusstseins, das in der eigenen Sterblichkeit zuvor keine Tragödie sah.

Die Zweckentfremdung der Existenz, das Ergebnis dieser Loslösung der menschlichen Spezies aus der Natur, bestimmt seither nicht nur das Wesen zivilisierter Menschen. Sie entfremdet ihn auch mehr und mehr von einer Daseinsform, wie die Natur sie ihren Lebewesen bereitstellt.

Diese zunehmende Entfremdung des Menschen von der Natur ist auch Auslöser für seinen fortlaufenden Selbstbezug und das ungebremste Wachstum seines organisierten Chaos'.

Wir moderne Menschen glauben uns überlegen gegenüber allen anderen Organismen. Aber es gibt keinen anderen Organismus auf diesem Planeten, der von seiner eigenen Spezies derart abhängig und als Einzelwesen so überlebensunfähig ist, wie moderne Menschen.

Ob unsere Spezies, in ihrer kurzen Existenzphase auf diesem Planeten, je eine andere Möglichkeit oder Wahl hatte, als dem Fortschritt zu folgen, ist natürlich eine hypothetische Frage.

Existenzformen, die Jahrtausende im Einklang mit der Natur standen, sogenannte primitive oder schriftlose Kulturen, wurden im frühen 20. Jahrhundert vollständig ausgelöscht.

Ihr Erbe findet sich heute in ethnologischen Museen, ihre Inhalte bestenfalls als Gegenstand naturalistischer Diskurse. Aber die gegenwärtige und absehbare Entwicklung unsrer Spezies macht verständlich, weshalb die Frage nach alternativen Lebenskonzepten in unsren Zivilisationen immer mehr an Boden gewinnt.

Die Folgen unsrer menschlichen Separation von der Natur werden immer erschreckender.

Während einige Gesellschaften weiterhin in einer durch optimale Organisation erzielten Dekadenz verharren, ergehen sich andere Gesellschaften, durch antiquierte Strukturen weniger potent, in die Ignoranz eines religiösen Fundamentalismus.

Ein ‚gemeinsamer' Überlebensplan für die menschliche Spezies bleibt auf globaler Ebene eine Randnotiz, die in Form unverbindlicher

Klimakonferenzen und -abkommen nur marginale Beachtung erhält.

Die Gesamtheit der Menschen, zerstritten in den spezifischen Motiven ihrer Zivilisationen und gefangen in ihren gesellschaftlichen Selbstbezügen, kämpft weiterhin gegen sich selbst.

Unser *Weltgeist* hat noch immer nicht die notwenige Stufe erreicht, um sich dem Prinzip des Guten bewusst zu werden.

Das egoistische Handeln auf Basis einer rational-separatistischen Haltung, steht beim Einzelnen noch immer über dem intuitiv-emphatischen Handeln, aus dem das Prinzip des Guten entsteht.

Die Interessen der Ich- und der Wir-Perspektive liegen in uns Menschen weiterhin im Widerstreit und finden keinen Zugang zur Einsicht in die Zusammenhänge der Natur.

Nicht genug, die Anmaßung, die Genpatente auf Organismen anmeldet und eine absehbare Beherrschung der Natur postuliert, wächst weiter.

Aber die Jünger der Technologie vergessen, dass weder wir Menschen, Produkt der Natur, noch die Natur selbst berechenbare Größen sind.

Die Natur folgt ihrer eigenen Agenda, und sie lässt sich nicht restlos entschlüsseln.

Evolutionäre Variablen sind nicht kalkulierbar und lassen jede Logik weit hinter sich zurück.

Biochemische Prozesse und mit ihnen die Existenz von Leben wandern stets auf dem schmalem Grad der Substrate.

Zur Entfaltung und Aufrechterhaltung organischer Verbindungen sind stabile und moderate Umweltbedingungen erforderlich, die sich externer Steuerung und Kategorisierung entziehen.

Menschliche Existenz ist daher kein Naturrecht, es ist ein biochemisches Experiment.

Ein menschlicher Fußabdruck im Schlamm ist nur eine Momentaufnahme, kein Beweis für seine Zugehörigkeit zum Untergrund - er ist allenfalls ein Beweis für den selbstverfassten Anspruch seines Besitzers.

Was unsere Zivilisationen durch ethische und moralische Standards, Gentechnologie oder Religionen auch immer formulieren, bringt die Natur durch selektive Korrekturen jederzeit zurück ins Labor der Substrate.

NEUN

KRANKHEIT WOHLSTAND

>> Die Dosis macht bekanntlich das Gift.

Es ist nicht das Plastik, das uns zerstört. Es ist nicht die CO_2 - Emission, nicht die Abholzung der Regenwälder und nicht die unwiderrufliche Verschwendung unsrer Ressourcen.

Es ist die Dosis unsrer Ansprüche, die uns den Garaus macht.

Sehen wir hier die Gesamtheit aller Existenz, sprich den allgemeinen Begriff von Existenz als Synonym für den Teil der Natur, den wir aktiv wahrnehmen und erfahren können, da er uns von der Natur bereitgestellt wird.

Wir alle sind somit einerseits verbunden mit der allgemeinen Existenz, andererseits sind wir eigenständige Personen mit eigener Existenz.

Diese eigene Existenz bietet uns eine Fülle von Gestaltungsmöglichkeiten, die wir Menschen uns selbst geschaffen haben. Aber je mehr Gestaltungsmöglichkeiten wir in unsrer eigenen Existenz vorfinden, umso eher vergessen wir die eigentliche

Basis für die allgemeine Existenz.

Hunger und Kälte, Urfeinde der menschlichen Existenz, sind größtenteils erfolgreich aus unsren Zivilisationen verbannt. Doch mit ihrer Verbannung ist auch das Wissen um ihre Grausamkeit aus den Köpfen der zivilisierten Menschen verschwunden - ganz zu schweigen vom Bewusstsein, dass diese Urfeinde nur durch straffe, tägliche Organisation in Schach gehalten werden. Statt mit tatsächlichen Problemen, dem unentwegten Kampf ums Überleben, ergeht sich der Großteil unsrer zivilisierten Menschen nun in Luxusprobleme.

Die Dankbarkeit der Hungrigen für eine warme Mahlzeit und Unterkunft hat Platz gemacht für die Dekadenz der Überfütterten und Unzufriedenen, denen nichts mehr genügt.

Wir Menschen der Wohlstandsgesellschaften stellen materielle oder ideelle Werte, von uns selbst erfunden und festgelegt, über unsre primären und essentiellen Quellen. Wir Menschen der Wohlstandsgesellschaften stellen materielle oder ideelle Werte, bedeutungslos in ihrer lebenserhaltenden Funktion, über unsre Lebensgrundlagen, wie Nahrung oder Gesundheit.

Der reiche Mann verdurstet oder ertrinkt, aber sein Gold hält er fest.

Mit dem Wohlstand in unseren Industrienationen hat die offene Konkurrenz die Solidarität nicht nur verdrängt, sondern zur Schwäche erklärt. Unsere Gier und unser Neid haben unsere Rücksicht und unser Mitgefühl füreinander weiter verringert.

Wir Menschen teilen gerne unsere Leiden und unseren Jammer, zeigen unsere Solidarität bei kollektivem Unglück. Aber wir teilen nur ungern unsere Freuden oder persönlichen Vorteile. Während wir unsere positiven Erlebnisse sorgsam hüten, geben wir unsere negativen Erfahrungen vorbehaltlos ab.

Diese Verhaltensweise, typisch menschlich, zeigt den gängigen Umgang mit unseren Emotionen. Wir suchen das Angenehme, vermeiden das Schmerzhafte. Dies kann beim Einzelnen bis zur Entscheidungsunfähigkeit und zum völligem Opportunismus führen.

Wir Menschen sind solange gefällig und zeigen Solidarität, wie wir persönliche Vorteile oder zumindest keine Nachteile erfahren. Kehren sich unsere Vorteile oder unsre neutrale Position durch den Zwang von Bekenntnissen plötzlich in Nachteile, enden auch unsere Gefälligkeit und unsere Solidarität.

Die Abwesenheit des Mangels und die Fülle der Auswahl, die unser Wohlstand dem Einzelnen zur Verfügung stellt, begünstigen dessen Unbeständigkeit und emotionale Unreife.

Auf diese Art lenkt die gesteigerte Präsenz äußerer Einflüsse in unseren Wohlstandsgesellschaften unsere Psyche auf schnellen, angenehmen und schmerzfreien Konsum, statt auf eine eingehende Reflexion der inneren Zusammenhänge von unangenehmen Erfahrungen.

Der Konkurrenzgedanke ‚Jeder für sich!' ist die Haltung des Enttäuschten, der seine Selbstreflexion nicht bis zum Ende durchlebt, sondern die persönliche Verantwortung für seine Enttäuschung abschiebt. Er schiebt sie auf Andere oder auf äußere Umstände, da er sich der Einsicht in die Unfähigkeit seiner eigenen Ansprüche entweder grundsätzlich verweigert oder die Folgen dieser Einsicht (Scham!) nicht erträgt.

Wir behaupten, je größer das Maß unsrer unreflektierten Emotionen, umso markanter unsere psychische Ambivalenz, die Dualität unsrer Verhaltensweisen und somit das Unverständnis für unsere Motive und Aktionen.

Wir alle haben Ansprüche. Wir wollen!

Und wir sollen wollen - nach den Vorstellungen unsrer Eltern, Freunde, Bekannten. Nach den Vorgaben und durch die Einflüsse unsrer künstlichen Umwelt. Das erwartet man von uns, erwarten wir von uns selbst - ‚etwas im Leben erreichen' oder es ‚zu etwas im Leben bringen'.

Und ‚Was' wollen wir? ‚Was' sollen wir wollen? Oder: ‚Was' hat man uns beigebracht, ‚Was' wir ganz konkret wollen sollen?

Einen gut bezahlten Job? Einen liebevollen Partner? Ein Auto und ein großes Haus? Vielleicht viel Geld? Kinder? Berühmt sein?

Und wenn wir erkämpft, erreicht oder erhalten haben, was wir wollten? Sind wir dann endlich zufriedene Menschen?

Eine Antwort bedarf keiner Statistik oder psychologischen Untersuchung. Ein Blick aus jedem Stadtfenster genügt, um eine eindeutige Antwort zu erhalten.

Die Wahrnehmung äußerer Lebensbedingungen hat sich in Wohlstandsgesellschaften völlig verschoben. Heißes Wasser, ein eigener Wagen oder Flugreisen sind Luxus, gelten aber als Standards und werden dem Nachwuchs mittlerweile schon als Grundbedürfnisse vermittelt.

Industrialisierung und Massenmedien, Initiatoren und Förderer der Idee einer unumschränkten Selbstverwirklichung, haben die gültigen Grenzen zwischen objektiv-rationaler Lebenswirklichkeit und subjektiv-emotionalem Gestaltungsraum gründlich verwischt.

Die Mehrheit der Bevölkerung in Wohlstandsgesellschaften krankt am eigenen Wohlstand und der unentwegten Empfindung eines imaginären Mangels, der keine Befriedigung findet.

Der süße Geschmack des eigenen Egos, verführt von der Illusion einer dauerhaften Glückseligkeit, hat jedes vernünftige Maß verdrängt.

In rastloser Verzweiflung sucht das wachgerüttelte Ego nach Akzeptanz, nach Halt und Sinn, aber findet immer nur aufs Neue die äußere Projektionsfläche eines leeren Versprechens.

Wir Menschen der Wohlstandsgesellschaften leben ein Leben, dessen Inhalte uns jeden Moment aufs Neue suggeriert werden. Wir leben ein Leben, in dem wir unser Bewusstsein für die Grundbedingungen der Existenz völlig verloren haben. Stattdessen füllen wir unsere Existenz mit anerzogenen Ansprüchen, die nichts mehr mit den Grundbedingungen allgemeiner Existenz zu tun haben. Wir sind manipuliert, bestochen, gekauft - von Vorstellungen an ein erfülltes Leben, das sich durch die Dosis unsrer Ansprüche nie realisieren lässt.

Also, ‚Was' wollen wir? Oder anders gefragt: ‚Wer' braucht ‚Was?' zum Leben? Oder so: ‚Was?' gibt unserer Existenz einen anhaltenden Sinn? Und ‚Wer?' stellt hier eigentlich so viele Fragen?

Fragen sind oder sollten immer den Anfang machen, sollten noch vor jedem Wollen stellen. Besonders vor jedem voreiligen oder ungeprüften Wollen, das zu schädlichen Handlungen und Auswirkungen führen kann.

Jede Veränderung beginnt mit Fragen.

Was ist für mich richtig und was ist falsch? Was ist für mich gut oder was ist schlecht? Was ist für mich wichtig oder was ist unwichtig?

Es ist die Frage nach dem eigenen emotionalen Motiv, die jeder Handlung vorausgehen sollte.

Diese Frage hat nichts Moralisches, Religiöses oder Ethisches. Aber die Frage nach dem eigenen emotionalen Motiv ist immer die Frage nach der eigenen Einstellung zur allgemeinen Existenz.

Dies bedeutet nicht, dass unsere Einstellung zum Leben an sich richtig oder falsch, gut oder schlecht ist. Es gibt keine endgültige Wertung in der Frage nach dem guten oder richtigen Leben. Nichts und niemand kann uns erklären, ‚Wie' wir leben sollen oder müssen.

Es gibt kein richtiges oder falsches Leben. Es gibt nur die Existenz und die eigene Sichtweise auf die allgemeine Existenz, die immer unsere Haltung und Lebensauffassung bestimmt.

Diese Sichtweise ist der Gradmesser, an denen sich die Selbstwahrnehmung und ihr Auftreten scheiden. Hier trennt sich der Verzicht von der Erwartung, die Genügsamkeit von der Verschwendung, das Notwendige vom Unnötigen.

Wir alle haben Ansprüche! Wir wollen.

Wer aber ständig will, kann unmöglich den Zustand der Zufriedenheit erreichen.

Wir vergessen, die eigene Gestaltung der Existenz ist ein Schritt, der mit der allgemeinen Existenz nichts zu tun hat. ‚Existenz' ist eine komplett eigenständige Größe und von der eigenen Person getrennt. Ihre einzige Verbindung zur eigenen Person ist die Akzeptanz.

Die existentiellen Wirklichkeiten sind das eine. Die Vorstellungen einer Person von der eigenen Existenz etwas völlig anderes.

Leben heißt scheitern - als Partner, als Vater, als Mutter, als Angestellter, als Vorgesetzter …

Zuerst muss jeder Mensch sein eigenes Leben und Scheitern akzeptieren, sprich, er muss leben - mit allen individuellen Fehlern und Umständen, die jede Geburt mit sich bringt. Und er muss lernen zu scheitern - gerade in Hinsicht auf Verlust, Alter, Krankheit und Tod, die uns ständig die eigenen existentiellen Grenzen aufzeigen.

Erst hier entsteht die Voraussetzung zur Gestaltung und Qualität der eigenen Existenz.

Nicht umgekehrt.

Der Wunsch oder Vorsatz, welchen Platz im Leben ich einnehmen möchte, hat mit den existentiellen Bedingungen nicht das Geringste zu tun.

Alleine der Begriff ‚Leben' umfasst eine Dimension, die nicht kontrolliert, in ihren Teilbereichen noch weniger erzwungen werden kann.

Leben ist alles, was uns umgibt. Und niemand, was immer er in seinem Leben erreicht, kann am Ende ‚mehr' als leben. Denn ‚Leben' ist bereits das Äußerste, was die Natur hergibt. Und selbst die erfolgreichste Bilanz eines Lebens ändert weder etwas am eigenen Tod noch zeigt es die Haltung, mit der jemand abtritt.

Daher fragen wir zuallererst nach dem ‚Was?', und nicht nach dem ‚Wie?', das den Schritt der Gestaltung ausdrückt.

Allein dieses ‚Was?' hinterfragt die eigene Einstellung, die sich den tatsächlichen Grundbedingungen von Existenz bewusst wird, unser Verhalten korrigieren oder bestätigen kann.

Das Wissen um die Selbsterhaltung in einem bestenfalls intakten Organismus, überragt nicht nur jedes andere Wollen, sondern rückt den Blick auf die eigene Person grundlegend zurecht.

‚Was?' ist es also, was für jedes ‚Weiter-Leben' im Endeffekt unerlässlich bleibt?

Wir kommen immer wieder auf die essentiellen Quellen. Nahrung, Wärme und Gesundheit, das Recht auf Sauerstoff und Sonnenlicht sind bereits die höchsten Güter, denen wir teilhaft werden können. Eine bessere Orientierung für die eigene Existenz und seine Wirklichkeiten ist für uns Menschen nicht möglich.

Alles Weitere, jede Vorstellung der persönlichen Gestaltung von Existenz gehört bereits aufs weite Feld der Ansprüche.

Wir alle haben Ansprüche! Wir wollen.

Aber können wir auch die Auswirkung unsres Wollens abschätzen? Brauchen wir tatsächlich, was wir wollen? Was haben wir von unserem Leben eigentlich zu erwarten? Und aufgrund welcher Rechte erwarten wir überhaupt etwas?

Oder sind viele unsrer Wünsche, Vorstellungen und Erwartungen nicht vielleicht überzogen? Oder entbehren sie nicht jeder Grundlage?

Welche Absichten verfolgen wir eigentlich mit unsren Handlungen? Und wozu?

Können wir denn mehr erwarten, als den Sauerstoff, den wir atmen oder mehr als das Sonnenlicht, das uns wärmt?

Also, stellen wir uns Fragen! Denn Fragen sind die Voraussetzung zur Veränderung. Auch wenn wir vielleicht vor uns selbst erschrecken ... oder uns selbst und andern damit weh tun.

ZEHN

DER TECHNOLOGISCHE IMPERATIV

>> Zurück zur Gegenwart und zu künftigen Prognosen. Die gegenwärtige Veränderung unserer Umwelt schreitet spürbar fort - überall. Die klimatischen Extreme haben begonnen und zwingen uns selbst in Veränderungen.

Das Kind ist längst im Brunnen. Es bemerkt langsam, das es ertrinkt.

Die Natur reagiert immer stärker auf unser dauerhaftes Fehlverhalten. Unsere alteingesessenen Zivilisationen kommen zu einem Ende.

Gleichzeitig zerreißt die Dynamik des technologischen Fortschritts mittlerweile gründlich unsere antiquierten Gesellschaftssysteme.

Die alten Strukturen der Analogie, vom digitalen System überrumpelt, sind in Auflösung begriffen. Die zeitlichen Abstände zwischen technologischen Neuerungen und ihrer Integration in die Massengesellschaft werden immer kürzer. Aber die Menschen des 21. Jahrhunderts haben längst nicht das mentale Rüstzeug für den Übertritt in eine digitale Wirklichkeit auf sämtlichen Lebensbereichen.

Eine ungestörte Entwicklung kognitiver und haptischer Begriffe hängt für uns Menschen weiterhin an Naturelementen. Die menschliche Anpassungsfähigkeit, ein langsamer und langwieriger Lernprozess der Evolution, kann nicht mehr Schritt halten mit den exponentiellen Leistungskapazitäten der Technologie.

Die Gefahren aus diesem ansteigenden Missverhältnis sind für uns Menschen nicht nur der graduelle Verlust eigner Konfliktlösung, Organisation und Improvisation. Im Angesicht der optimalen und totalen Vorgaben eines Systems, das dauerhaft in jede einzelne Entscheidungsfreiheit eingreift, verlieren wir Menschen schließlich unsre Selbstbestimmung.

Trotzdem wird eine rasante Erziehung der Bevölkerungen zur Gesamtdigitalisierung gnadenlos durchgeprügelt.

Technologie ist das Amphetamin unserer modernen Zivilisationen. Sie steigert das Reaktionsvermögen unsrer Staaten, erhöht das Leistungsvermögen unsrer Gesellschaften.

Wie jede Droge hat leider auch die Technologie gleich mehrere unerwünschten Auswirkungen, die unvermeidlich ineinander greifen. Ihre positiven Effekte führen zu gesteigertem Gebrauch, ihr intensiver Gebrauch zu Missbrauch, ihr Missbrauch zu Abhängigkeit und Folgeschäden. Die Eliminierung natürlicher Hindernisse durch die Optimierung künstlicher Systeme hat ihren Preis - weit größer als jede Abhängigkeit.

Wir übergeben unsere Psyche an Programme, die Zufälle und Alternativen ausschließen, uns

‚unbezweifelbare' Ergebnisse liefern und somit die Richtung unserer Verhaltens- und Handlungsweisen massiv beeinflussen.

Wir glauben, die Technologie aufs Niveau unsrer Logik zu justieren und nachhaltig von ihr zu profitieren. Wir glauben, die Technologie verläuft ‚im Sinne' der Menschen, da sie uns gegenwärtig noch Vorteile bringt. Wir glauben die Eigendynamik der Technologie kontrollieren zu können. Aber wir irren.

Denn es ist die Technologie, die uns den Determinismus gebracht hat und diesen immer weiter vorantreibt.

Unsere Denke hat die Wahl der Entscheidungsfreiheit abgelegt, unser Rechtfertigung sich von der Eigenverantwortung längst freigesprochen.

Ob Wohnraumspekulant oder Schnäppchenjäger - der vorsätzliche Selbstbetrug, der den maximalen Anspruch unserer gegenwärtigen Vorteilsnahme untermauert, ist immer vollkommen.

Da die Kuh - nach unsrer Berechnung - ohnehin zusammenbricht, melken wir sie umso mehr.

Bis sie durch unsere Verhaltens- und Handlungsweisen tatsächlich zusammenbricht - womit sich unsere Berechnung ja nur bestätigt.

Es mangelt uns nicht an Alternativen, um unsere Bestimmung selbst zu definieren. Aber es mangelt uns am Willen, der sich aus Bequemlichkeit lieber ins Unvermeidliche fügt, als aus seiner Komfortzone auszubrechen.

Unsere Massengesellschaften sind luxuriöse, digital gesteuerte und vollklimatisierte Ställe, in denen der Daseinszweck des Einzelnen reduziert wird aufs Melken.

Unsere Massen sind wie Viehherden, gehen immer den einfachsten Weg zur nächsten Weide.

Dort sollen sie grasen, bis kein Gras mehr wächst. Denn je ausgiebiger Vieh grast, umso höher seine Melkerträge.

Und mehr verlangen und erwarten unsere Eliten auch nicht mehr - weder von unseren Massen noch von sich selbst.

Wir haben dem Determinismus willig die Tür geöffnet, haben aus Angst vor der Erkenntnis unserer Selbst-Illusionen das unerforschte Potential unsrer Psyche vorbehaltlos einer Normierung durch Algorithmen übergeben, die unser Unterbewusstsein völlig manipuliert.

Die Erfolge unsrer Spezies resultierten in der Vergangenheit immer aus empirischer Beobachtung, einem spontanen Einfallsreichtum, ‚Geistesblitze' in Folge unterbewusster Denkprozesse. Bahnbrechende Erfindungen und Entdeckungen sind Ergebnisse dieser kreativen Denkprozesse, ihre systemimmanente Tauglichkeit und innovative Veränderung gilt als Fortschritt.

Die Natur liefert dem menschlichen Hirn Impulse, aus denen wir Menschen unsere Anpassungs- und Gestaltungsfähigkeiten erweitern.

Dieser natürliche Ablauf der Evolution ist mit der Technologie sekundär, der Mensch von der Technologie abhängig geworden.

Unsere Zivilisationen haben sich selbst überholt, aber sie haben dabei ihre natürlichen Fundamente vergessen. Und ihre Erbauer.

Wir Menschen können unseren Weg längst nicht mehr frei wählen - weder persönlich noch gesellschaftlich.

Wir werden gelenkt von Technokraten und Internetgiganten, die im Verborgenen bereits sämtliche fiktiven Zukunftsmodelle menschlicher Gemeinschaften erarbeitet haben und ihre Konsumenten und Nutzer auf eine digitale Wirklichkeit einschwören.

Und während unsere Zivilisationen sich selbst überholen, zerstören wir Menschen die Reste unsrer Grundlagen und begeben uns in die ausweglose Situation der Eigenselektion. Dass dies alles kein bewusster Akt war, sondern ein Zeitprozess, in dem jedes Novum zum Puzzleteil wurde, ändert nichts an der prekären Gesamtsituation von Heute. Und es ändert auch nichts an der Tatsache der selbstverschuldeten Probleme, die aus modernen Zivilisationen entstanden sind.

Der ursprüngliche Traum der Zivilisation, Nahrung, Wärme und Sicherheit für alle, ist ausgeträumt. Die Kehrseite dieses Traums, (eines Traums, erfunden in westlichen Gesellschaften), zeigt immer deutlicher ihre hässliche Fratze.

Der Traum wird zum Trauma. Das Ökosystem, vom menschlichen Störfaktor in ein massives Ungleichgewicht gebracht, reagiert.

Die Natur schlägt endlich offen zurück.

Von der rapiden Zunahme an Neurosen, Medikamentenresistenzen und Fettleibigkeit, bis zu Überschwemmungen, Dürre und Erderwärmung - in all ihren Facetten.

Dass dieses Bild nicht einfach aus der Luft gegriffen ist, belegt die gegenwärtige Entwicklung nachdrücklich. In Überbevölkerung, Umweltverschmutzung, Klimawandel und endlich der globalen Migration aus lebensfeindlichen Regionen, liegt das ganze Scheitern einer menschlichen Spezies, die mit perverser Konsequenz um die Teilhabe letzter Ressourcen kämpft.

/

Die Anarchie der globalen Ökonomie und der Monopolismus haben letztlich gesiegt. Das Märchen vom globalen Dorf ist Geschichte, der Kapitalismus ist tot. Aber sein Tod bleibt nicht ohne tiefgreifende Folgen. Die Götter des Kapitals werden reagieren. Aber sie können und werden den Karren nicht mehr aus dem Dreck ziehen. Sie werden lediglich einen Vorhang um den Karren spannen, damit niemand den entstandenen Dreck ringsum sieht.

Das globale Ghetto ist Tatsache, kann jetzt aber nur noch vertuscht werden, wenn gültige Wertvorstellungen und überholte Begriffe der Ethik beiseite gelegt werden. Ein Bruch mit dem alten Gesellschaftssystem und somit der Verrat am Traum der Zivilisation sind unerlässlich. Dafür sorgt die digitale Wirklichkeit, die ihren Geist in den verbliebenen Gesellschaften restlos etabliert und göttlichen Status erlangt hat.

Bezeichnenderweise konditioniert das Internet die Masse der menschlichen Spezies bereits auf diese kommende Wirklichkeit, in der persönliche Daten Profile erzeugen, die Rückschlüsse auf Motive und Handlungen jedes Einzelnen suchen. Der Schritt von hier zu einer möglichen Berechenbarkeit menschlicher Entscheidungen und zugleich deren Manipulierbarkeit ist dann nur logisch und kein paranoides Hirngespinst, als das es gegenwärtig erscheinen mag.

Der mentale Einfluss des Internets auf die Massen, sein Potential zu dessen gradueller Erziehung und Kontrolle steigt unstrittig an. Die Massenmedien haben ihren Beitrag geleistet, haben der Indoktrination der Technologie den Boden bereitet, haben Meinungen und Weltanschauungen mehr oder weniger willentlich, aber bereits nachhaltig manipuliert.

Die menschliche Wahrnehmung wird eingeschränkt aufs Rationale, auf gefällige Details und markierte Zusammenhänge. Das scheinbar Unschlüssige und Absurde wird dagegen ausgeklammert.

Das öffentliche Erscheinungsbild, ein Werk der Massenmedien, ist allgegenwärtig und wird im Bewusstsein der Allgemeinheit längst als Wirklichkeit begriffen, statt als lügnerische Inszenierung. Die alten Grenzen zwischen Wirklichkeit und Scheinwelt sind verwischt. Denn die Technologie von Heute hat alles getan, um die persönliche Neigung zu effektvoller Selbstdarstellung und Vortäuschung vorteilhafter Selbstbilder zu bestärken und auszureizen.

Unsere Gehirne sind in Form gebracht. Durchs eigene Ego, in dessen Falle wir getappt sind. Und mit Freude.

Die Wirklichkeit, ‚zu schön, um wahr zu sein‘, ist längst ein gebrauchsfertiges Verkaufsprodukt und nicht mehr das Ergebnis mühsamer Eigenerfahrung, in dem Fehlinterpretationen Korrekturen unterlaufen.

Der Imperativ der Technologie, auf jedes Ego speziell zugeschnitten, ist die Überzeugung der Korrelation von Belohnung und Fügsamkeit.

Demokratie, ohnehin von jeher das Instrument einer elitären Lobbyistenherrschaft, weicht jetzt offen der großen Uniformität, in der für Kritik und Alternativen kein Platz mehr ist - und auch nicht mehr benötigt werden.

Vor allem, wer hat die Demokratie, bei unsren paradoxen Verhaltensweisen, allen Ernstes je für die Endform menschlicher Herrschaft gehalten?

Der Individualismus, einst das liebste Adoptiv-kind des Kapitalsystems, ist Vergangenheit.

Denn das Ende des globalen Wachstums, been-det auch die individuellen Freiheiten der Selbst-entfaltung.

Das Handeln zum ‚Wohl der Menschheit' bleibt von nun an der Ausweis für jede notwendige Maßnahme und jeden Erlass, um die verbliebe-nen Reste an Ressourcen zu schützen und eine menschliche Spezies, nun uniform und normiert, auf Kurs zu halten.

Die Selbstselektion und Selbstauslese, angeord-net und vollzogen von globaler Stelle, ist endlich Alltag. Erst jetzt schlägt die wahre Stunde der Digitalisierung, und sie zeigt, wozu wir Men-schen sie erfunden haben. Zur totalen Kontrolle aller menschlichen Aktivitäten.

Wir Menschen, kurze Zeit in einer geglaubten Offensive, aber unfähig zur Balance zwischen Eigensinn und Natur, geraten wieder in die De-fensive. Aber diesmal zweifach. Einmal durch die Unfähigkeit unsrer Integration in die Natur. Und einmal durch die digitale Kontrolle, die uns nun zur Integration in ‚Ihr' System zwingt.

Ob und wie dieses digitale System und die Natur aufeinander reagieren, bleibt abzuwarten.

Da die biologische Evolution allerdings langsa-mer verläuft als ein digitales Lernsystem, ist eine Skepsis bezüglich der Verträglichkeit bei-der Systeme angebracht. Zumal dieses digitale System oder zumindest ihre Prototypen, einst erfunden von Menschen, gewiss nicht mit der gleichen Perfektion arbeiten kann und wird, wie das natürliche Gebilde.

Ganz abgesehen von der Tatsache, dass die Na-tur sich nicht berechnen lässt.

Die Evolution hat immer Überraschungen parat, von denen nichts und niemand etwas weis.

Dass wir Menschen uns durch unsre Verfehlungen vor der Natur erneut in die ‚offenkundige‘ Postion von Mündeln bringen, die sich plötzlich nachteiligen Bedingungen anpassen müssen, ist dagegen sehr wahrscheinlich. Wir sagen ‚offenkundig‘, da wir Menschen nie etwas anderes waren und sein können, als jeder andere Organismus auf diesem Planeten:

Mündel der Natur.

Der Tag, da die Natur uns Menschen wieder auf unsren Platz verweist, wird kommen. Selbst wenn es der Mehrheit von uns, längst manipuliert von einer digitalen Wirklichkeit, bis dahin gar nicht mehr bewusst wird, wie stark die Natur uns plötzlich beschneidet.

Unser Überleben sollte eher eine Frage sein von Mündigkeit und Reife, als eine Haltung zeigen, die sich selbst und ihre Probleme allein in die Hände der Technologie legt.

Leider gibt der heutige Stand der Dinge wenig Grund zur Hoffnung, dass wir Menschen noch rechtzeitig zu Mündigkeit und Reife gelangen.

Ein Mensch kann allein durch Technologie und ohne Natur nicht überleben. Sowenig wie ein Säugling, der zwar Nahrung erhält, aber keine Zuwendung.

Unsere heutige Technologie hat mit unsren Religionen einen wesentlichen Schnittpunkt: die Botschaft der persönlichen Unsterblichkeit.

Diese Botschaft ist die Attraktion, die sie vorantreibt. Aber diese Attraktion, die in unsren Köpfen Fuß gefasst hat, befreit uns nicht von unsren Selbst-Illusionen. Sie bindet uns nur umso stärker an die kollektive Selbst-Illusion unsrer persönlichen Unsterblichkeit.

Der Unterschied zwischen der religiösen und technologischen Unsterblichkeit liegt allein in ihrer Kontrolle. Während wir durch Technologie die Macher unsrer Unsterblichkeit werden, unterliegt unsere Unsterblichkeit in Religionen einer göttlichen Gnade.

Dass Religionen für uns Menschen nur den angenehmen und griffigen Teil an Wahrheiten bereithalten, der unsrem ,Ich' letzte Erleichterung erweist, bestätigt nur ihre Attraktion.

Der unangenehme Teil an Wahrheiten, der keine posthume Erlösung oder akzeptablen Ausblicke verspricht, bleibt daher unerwähnt.

Erst wenn der einzelne Mensch seine Nichtigkeit erkennt und begreift, das er nur eine entbehrliche Lebensform der Natur ist, sein Dasein, wie sein Tod, fürs gesamte Gebilde folglich keinen Unterschied macht, kann das individuelle Bewusstsein in die kollektive Bestimmung seiner Umwelt eingehen.

Dieser *Zwang zum Loslassen*, den jeder einzelne Mensch durchläuft, bezeugt auch den Grad der Akzeptanz gegenüber der allgemeinen Existenz und somit *die Einsicht in den Willen der Natur*.

Die Erkenntnis aus dieser Einsicht heißt unter Menschen auch *Vernunft* - wie lange der Weg zu ihr auch sein mag ...

Bis dahin bleibt nur die Hoffnung auf die Gnade der Natur und aufs Prinzip des Guten.

>ELF/

HAT DER ALTE
HEXENMEISTER...

▶▶ Ein einzelner Mensch ist nicht gegen einen einzelnen Menschen. Er besitzt noch die emotionale Intelligenz, um sich selbst mit seinem direkten Gegenüber zu identifizieren.

Ein einzelner Mensch, der für sich einsteht, ist ein zugänglicher Organismus, das sein Verhalten noch bemessen, die Grenze gegenüber anderen und gegenüber seiner Umwelt noch abschätzen kann.

Aber unsere Menschenmassen sind gegen uns.

Durch die komplexe Organisation unserer Gesellschaften sind sie emotional zu verkümmert, um die anderen noch in sich selbst zu erkennen.

Anonymität, Versorgung und Schutz unserer Zivilisationen legitimieren unser Fehlverhalten und machen die Achtung gegenüber anderen zur graduellen Anmaßung.

Das Ergebnis unserer komplexen Organisation menschlicher Systeme sehen wir an unseren Massengesellschaften.

Wir Menschen der Massengesellschaften sind schamlose Schmarotzer, Diebe und Betrüger. Und wir gehören nicht in die biologische Position, die wir glauben gegenwärtig einzunehmen.

Im Grunde sind wir die gleichen schamlosen Schmarotzer, Diebe und Betrüger wie vor Beginn und Erschaffung unserer Massengesellschaften.

Der Unterschied liegt allein im ökologischen Schaden, den wir a) durch unsere erhöhte Anzahl, und b) die exzessive Bereitstellung und Nutzung unsrer hochgradig schädlichen Mittel verursachen.

Das Zusammentreffen von Natur und Menschen ist nicht gegen uns Menschen. Die Natur gibt allen Organismen die gleichen Chancen.

Wir Menschen haben vor der Natur die gleichen Rechte und Pflichten wie Einzeller, Wattwürmer oder Vögel. Das Recht zum Leben und die Pflicht zum Überleben sind festgeschrieben Programme der Natur. Um dies zu sichern verfügen ihre Organismen über diverse Strategien. Dafür fordert die Natur die Anpassung und Einordnung ihrer Organismen in ihren biologischen Zyklus.

Aber wir Menschen haben unseren Platz im biologischen Zyklus vergessen.

Erst haben wir die Möglichkeiten unserer Strategien genutzt zur Anpassung, dann zur Organisation selbstgeschaffener Bedingungen und schließlich zur Umgestaltung der Natur.

Die Anpassung ist nicht gegen uns Menschen. Unsere Anpassungs- und Lernfähigkeit ist noch immer Garant für unser Überleben. Aber unsre Anpassungs- und Lernfähigkeit bezieht sich rein auf eine praktische Intelligenz, die beharrlich ihre emotionale Beschränktheit ignoriert.

Das Generieren technologischer Strategien zur Reduzierung menschengemachter Auswirkungen, kehrt den Anpassungszwang gegen die Umwelt. Statt der eigenen Verhaltenskorrektur und einer dynamischen Angleichung an die Umwelt, werden äußere Umstände schlicht dem menschlichen Fehlverhalten angepasst.

Wir Menschen haben unsere Anpassungsfähigkeit in die Anpassung der Umwelt an unsere Vorstellungen verkehrt und folglich zu viele Lebensbereiche gegen unser Überleben gerichtet.

Unsere Organisation ist nicht gegen uns.

Wir Menschen haben durch unsere Kommunikation, unsere Logik und unser Wissen die Widrigkeiten natürlicher Bedingen drastisch verringert und somit die Überlebenschancen jedes Einzelnen in unseren Gesellschaften vervielfacht.

Aber die Komplexität unserer Organisation ist gegen uns. Wir haben mit unserer globalen Umgestaltung in die Wechselwirkungen der Natur gegriffen und klimatische Mächte in Gang gesetzt, deren Auswirkungen wir nicht mehr überblicken und kontrollieren.

Unsere Überlebensstrategien haben uns vor der Natur nicht unabhängig gemacht, sie haben uns ihr erst recht ausgeliefert. All unsere Forschung und unsere Fortschritte, für den Einzelnen vorteilhaft, gestalten sich in der Breite als tödlich.

Unser Bewusstsein ist nicht gegen uns.

Im menschlichen Bewusstsein steckt erstaunliches Potential. Wir sind fähig zu einer Sensibilität und Intuition, die unseren Wissenschaften Rätsel aufgibt und zu ständigen Korrekturen zwingt.

Aber die Wahl unserer Mittel, unsere Entscheidung für reine Logik ist gegen uns.

Die Vermehrung unserer Erkenntnisse und unseres Wissens haben unsere Dummheit nie verringert. Unsere Emotionen, Ursache für unser Bewusstsein, sind noch ebenso primitiv, wie seit Entstehung unserer Spezies.

Statt den Umgang mit unseren Emotionen zu schulen, sind wir Menschen den leichten und bequemen Weg gegangen. Wir sind nicht nach innen, wir sind nach außen gegangen.

Wir haben unser Bewusstsein nicht vertieft durch praktische Kenntnisse (und Selbsterkenntnis) unserer Emotionen, sondern allein auf unsere Logik gebaut. In der Folge haben wir einer aggressiven Selbstgestaltung die Kontrolle über unsere Existenz überlassen.

Wir Menschen haben das Trauma unserer Emotionen nie überwunden. Und folglich bisher auch nicht das Trauma unseres Bewusstseins.

Deshalb flüchten wir in unsere Logik, die uns die Illusion der Kontrolle an die Hand gibt.

Wie illusorisch diese Kontrolle aber tatsächlich ist, beweist das Leben - jedem vom uns.

Am Ende ist alles gegen uns.

Es ist deshalb alles gegen uns, weil wir Menschen unser Selbstbewusstsein nicht an der Natur, sondern unserer Logik ausrichten.

Wir haben durch Optimierung unserer Überlebensstrategien unsere Überlebenschancen nicht vergrößert, sondern verringert.

Wir haben sie deshalb verringert und nicht vergrößert, weil die Optimierung unserer Überlebensstrategien das natürliche Gleichgewicht der Natur zerstört.

Die Organisation unserer Grundlagen kehrt sich unumkehrbar gegen unsere Grundlagen. Sie kehrt sich deshalb unumkehrbar gegen die Grundlagen, da die angewendeten Methoden zur gezielten Steuerung und Sicherung der Grundlagen, die Grundlagen selbst zerstört.

Das alles ist nicht widersinnig. Es ist nur folgerichtig. Aber der menschliche Verstand kommt nicht an gegen den Widersinn seiner Logik, solange die Umstände seinen Verstand nicht zu Achtsamkeit zwingen.

Wir Menschen sind noch immer, (vielleicht für immer) limitiert auf unseren Selbstbezug. Wir haben nicht gelernt unsere Eigeninteressen in gesamtheimliche Zusammenhänge zu integrieren.

Unser Einblick in diese gesamtheimlichen Zusammenhänge ist limitiert, weil wir in Konzepten von Staaten, Konzernen, sozialen Gruppen oder Egoismen denken und handeln. Aber nicht in Konzepten, die den Gesetzmäßigkeiten ökologischer Gleichgewichte folgen.

Das menschliche Bewusstsein, (unser Weltgeist), ist gefangen auf unterschiedlichen Entwicklungsstufen. Es ist deshalb dort gefangen, weil die Kenntnisse und der Umgang über und mit unsren Emotionen zu ungleich sind.

Herkunft, Erziehung, Bildung, Erfahrung und Charakter - das alles sind Faktoren, die wesentlich auf jedes einzelne Bewusstsein einwirken und zu einem unterschiedlichen Verständnis von Existenz und Selbstbegriffen führen.

Daher fehlt uns Menschen bereits der allgemeine Grad an emotionaler Intelligenz, der in Beschränkung und Selbstregulation die Bestimmung organischen Lebens erkennt.

Die Natur ist eins. Es gibt in der Natur keine Hierarchien. Alles steht gleichermaßen und unterschiedslos auf einer einzigen Stufe und fügt sich der Notwendigkeit eines ständigen Wandels.

Die Evolution, biologische Exekutive der Natur, überwacht das organische Material und gewährleistet diesen ständigen Wandel.

Nimmt die Population eines bestimmten Organismus in einem begrenzten Gebiet Überhand, entzieht ihm die Natur durch Wechselwirkung seine Überlebensgrundlagen und schafft somit wieder ein ökologisches Gleichgewicht.

Die Natur ist anders. Nichts geschieht zufällig, nichts ohne Sinn und Zweck. Kein Vorgang, kein Bestandteil und keine Wirkung sind überflüssig oder unangemessen.

Die natürliche Logik misst sich nicht an selbstgeschaffenen Größen und fiktiven Bezügen, nicht an Zahlen oder Wertvorstellungen, und sie misst sich nicht an Raum und Zeit.

Die Natur kennt und akzeptiert keine anderen Parameter als Dynamik oder den ständigen Wandel.

Klima, Substanzen und Organismen sind veränderlich, aber das Streben der Natur nach einem inneren Gleichwicht sämtlicher Teile in ihren Ökosystemen ist fix.

Ihre Wechselwirkung sorgt bei Bedarf für selbstverständliche Defizite und selbstverständliche Überschüsse, verteilt und richtet ihre Energien ständig neu aus.

Die Natur nimmt, gibt und verändert ihre Substrate, wo ihre Energien den Wandel dieser Substrate unumgänglich machen.

Jeder Organismus ist gebunden an spezifische Substanzen. Jede Substanz in einem Ökosystem gebunden an klimatische Einflüsse.

Jedes Ungleichgewicht in einem Ökosystem, ob künstlich geschaffen oder natürlich entstanden, hat an erster Stelle biologische Auswirkungen.

Tier- und Pflanzenarten, die verschwinden oder

aussterben, hinterlassen Lücken im ökologischen Kreislauf und beeinflussen die Wechselwirkung.

Die Natur reagiert.

Um die entstandenen Lücken in ihrem Kreislauf zu schließen, sorgt sie für gleichwertigen Ersatz. Ist kein gleichwertiger Ersatz vorhanden, vergrößert sich das biologische Ungleichgewicht des jeweiligen Ökosystems.

Das eine hängt immer am andern.

Insektenarten, die durch Pestizide zugrunde gehen, haben Einfluss auf den Bestand von Vogelarten. Vogelarten, die aus Nahrungsmangel zugrunde gehen, haben Einfluss auf den Bestand bestimmter Pflanzenarten, die wiederum anderen Tierarten dienen.

Auf diese Art entstehen in einem ökologischen System immer mehr biologische Lücken.

Der entscheidende Faktor ist hier die Geschwindigkeit, in der diese Lücken entstehen.

Die Evolution erhält von uns Menschen keine Zeit mehr, um vorhandene Lücken zu schließen, da sich das anorganische Material, die Ursache des Ungleichgewichts, die zunächst beseitigt werden muss, im biologischen Kreislauf immer weiter anhäuft.

Bis die biologische Grundlagen kippen.

Das ,Umkippen' von Gewässern ist nur ein Beispiel für den biologisch-funktionalen Zusammenbruch eines Ökosystems.

Als Reaktion trifft die Natur chemische Gegenmaßnahmen, die in langwierigen Prozessen anorganisches Material binden, um ihren biologischen Kreislauf zu reaktivieren.

Die Natur lässt sich nicht manipulieren.

Jede Manipulation scheitert am Test der zeitlichen Anpassung und formalen Flexibilität, die ihre Selbstregulation einfordert.

Ob diese Manipulation nun ein Ungleichgewicht hervorruft oder bekämpft, spielt keine Rolle für die Aufrechterhaltung oder Wiederherstellung des natürlichen Gleichgewichts.

Die Wahl der Ausgleichsmittel für jedes Ungleichgewicht richtet sich ganz nach der Ursache. Die Selbstregulation tritt substanziellen oder klimatischen Extremen immer im gleichen Ausmaß entgegen, in dem diese Extreme ihre Abläufe beeinflussen.

Der Unterschied zwischen natürlich entstanden und künstlich erschaffenen Ungleichgewichten liegt allein in der Steuerungshoheit.

Natürliche entstandene Ungleichgewichte sind langfristige und notwendige Phänomene einer Evolution, die ihre Selbstregulation substanziell oder klimatisch neu generiert und dazu ihre Wechselwirkungen kurzfristig verschiebt.

Der Rahmen solcher Verschiebungen ist stets überregional und konstruktiv.

Künstlich entstandene Ungleichgewichte unterliegen abrupten und massiven Störungen eines Ökosystems durch anorganisches Fremdmaterial. Der Rahmen solcher Störungen beginnt immer lokal und verläuft destruktiv.

Verschwinden im Zuge einer natürlicher Selektion Grasmücke oder Sumpfdotterblume aus einem Ökosystem, hat die Evolution längst andere Lösungen parat.

Verschwinden Grasmücke oder Sumpfdotterblume aber aufgrund menschlicher Fremdeinwirkung aus einem Ökosystem, hat dies weitreichende Folgen. Damit dieses Ökosystem weiterhin stabil bleibt, muss die Natur entstandene Ausfälle kompensieren und sucht entsprechende Alternativen.

In bestimmtem Maß und bei lokaler Begrenzung sind diese Ausfälle durch menschliche Fremdeinwirkungen auch reparabel.

In der Geschwindigkeit und Summe an Ausfällen, sowie der globalen Breite, die unsere Fremdeinwirkungen im gesamten Ökosystem allerdings mittlerweile erzeugen, findet die Natur keine entsprechenden Alternativen mehr.

Also handelt sie radikal und sperrt ihre essentielle Ressourcen.

Die Erde war immer Spielplatz der Natur, und die Evolution ihr Testgebiet und Labor.

Durch naturwissenschaftliche Forschung und Entdeckung entreißen wir Menschen der Natur einzelne Informationen über innere Zusammenhänge und existentielle Geheimnisse.

Wir glauben allen Ernstes diese Informationen seien entscheidende Bestandteile zum Verständnis für Universum und Existenz. Aber unsere Entdeckungen sind lediglich Krümel der Gesetze und Prozesse, auf denen die Natur das Universum, ihre Substanzen und Organismen steuert.

Dennoch stellen wir Menschen mit unserem Halbwissen physikalische und chemische Formeln auf, bringen auf ihren Grundlagen Systeme zur Anwendung, die wir nicht beherrschen und halten uns noch für außerordentliche Wohltäter. Mit der Einfalt von Kindern und zugleich krimineller Berechnung bringen wir Technologien in Gang und benutzen Materialien, deren Auswirkungen und Konsequenzen wir überhaupt nicht kennen oder negieren.

Noch einmal, die Entwicklungen und Fortschritte unserer Industrienationen, die dem Einzelnen bislang überragenden Nutzen gebracht haben und weiterhin bringen, haben für die menschliche Mehrheit und das gesamte Ökosystem katastrophale Folgen.

Die Separation des einen vom andern, seien es nun komplexe Ereignisse oder simple Vorgänge, oder besser, die persönliche Ignoranz für holistische Zusammenhänge, ist die Kollektivursache für unseren unaufhaltsamen Untergang.

Die bemannte Mission zum Mars und das Aussterben des Feldhamsters, die Erfindung von Plastikbechern und die Abholzung von Regenwäldern, der Kauf von Fleisch aus Massentierhaltung und der Klimawandel - dies alles steht in engerer Verbindung, als wir vermuten.

Die Summe aller Teile ist keine teilbare Größe, aus der man folgenlos einen Baustein herausbrechen kann. Es ist das System, wodurch die Natur das Universum reguliert. Und jeder Baustein, der durch menschliche Eingriffe verloren geht, muss irgendwie ersetzt werden.

Falls die Existenz noch Zeit für Ersatz erhält ...

ZWÖLF

DER UTOPISCHE GEIST

» Alles, was wir Menschen tun, steht und fällt mit der Wahrnehmung unsres Bewusstseins und dessen Bezugnahme.

Wir haben die Rolle des menschlichen Bewusstseins bei der Bestimmung und Erschaffung und unsres ‚Selbst' bereits mehrfach angesprochen.

Wir wollen uns jetzt die Selbstwahrnehmung unsres Bewusstseins und seine Ausrichtung etwas näher ansehen.

Die Gewissheit der eigenen Existenz, die Selbstwahrnehmung eines ‚Ichs', das in einem Körper steckt, bildet immer die Basis, auf der unser Bewusstsein aufbaut. Wir erkennen uns durch die Verbindung unseres ‚Ichs' mit unsrem Körper und folgen ihren wechselnden Signalen.

Unser Körper hat Bedürfnisse, auf die wir reagieren. Unser ‚Ich' hat Bedürfnisse, auf die unser Körper reagiert. Die Befriedigung beider bestätigt unsere Selbstwahrnehmung.

Die Crux am Bewusstsein ist, das dieses ‚Ich' dem Körper zwar vorsteht, aber folgen muss.

Während der menschliche Körper im biologischen Programm der Natur steckt, wie alle anderen Organismen, hat das ‚Ich' freien Zugang zu seiner Umwelt.

Es kann und muss seinen Körper ‚organisieren, planen' und an die Widrigkeiten der jeweiligen Umwelt anpassen.

Das Bewusstsein, das Körper und ‚Ich' verbindet, konzentriert sich hier ganz auf den Körper. Es hat noch nicht die Begriffe eines ‚Ichs', das sich über seine Umwelt erhebt.

Denn dieses ‚Ich' ist hier vollauf beschäftigt mit der Sicherung des Körpers, der im biologischen Programm der Natur steckt.

Also entwickelt dieses ‚Ich' spezifische Überlebensstrategien zum Schutz und der Bewahrung des Körpers vor bedrohlichen Umwelteinflüssen.

Kälte, Hunger, Krankheiten und sonstige Gefahren sind die ewigen Hindernisse, die der Körper zur Selbsterhaltung überwinden muss.

Nahrung, Wärme und die Unversehrtheit des Körpers sind somit der Impuls, denen das Bewusstsein folgt.

Das ‚Ich' ist das Mittel der Umsetzung, das vorhandene Widerstände beseitigt und äußeren Bedingungen optimiert.

Da die Selbsterhaltung des Körpers über alles geht, handelt das ‚Ich' bei Bedarf natürlich auch entsprechend rücksichtslos und aggressiv.

Aber das Bewusstsein erkennt nicht den Sättigungspunkt, an dem sein ‚Ich' seinem Körper die bestmöglichen äußeren Bedingungen geschaffen hat. Es begreift nicht die Tatsache, das immer noch eine letzte und noch eine letzte Krankheit oder Widrigkeit bestehen bleibt, die das biologische Programm formuliert hat.

Das menschliche Bewusstsein erkennt zwar das biologische Programm seines Körpers, aber der freie Zugang zur Umwelt, der seinem Geist zur Verfügung steht, lässt es die Ursache für seinen illusorischen Kampf ignorieren.

Das Bewusstsein, ratlos gegenüber seinem Körper, gibt den Forderungen seines Geistes nach.

Das Verhältnis, das Köper und Geist in unsrem Bewusstsein einnehmen, erfährt jetzt eine rigorose Umkehr.

Die Crux des Bewusstseins wird auf den Kopf gestellt. Von nun an richtet sich der Geist nicht mehr nach den Forderungen des Körpers, sondern der Körper nach den Forderungen des Geistes. Unsere eigentlichen und ursprünglichen Bedürfnisse und ihre Befriedigung treten in den Hintergrund.

Die Selbstwahrnehmung orientiert sich jetzt nur noch an einem ‚Ich', das die Entbehrung des Körpers und die Verbindung zum biologischen Programm der Natur künstlich unterdrückt und schließlich negiert.

Der Geist, dem keine organische Grenze gesetzt ist, will das biologische Programm der Natur unbedingt verstehen und selbst bestimmen. Daher vergrößert er, auf der Suche nach dem totalen Wissen der Natur, immer weiter seine wissenschaftlichen Kenntnisse.

Der Raum, den das ‚Ich' im Bewusstsein jetzt einnimmt, um die Geheimnisse der Existenz zu lüften, dehnt sich folglich immer weiter aus.

Diese Ausdehnung verändert drastisch die Selbstwahrnehmung und Ausrichtung des Bewusstseins, das sich nicht länger an die Natur gebunden glaubt. Der Körper, durch Medizin, Wohlstand und Ethik rundum gesichert, verliert fürs Bewusstsein seine zentrale Bedeutung. Folglich wächst der Geist über die simplen Forderungen des Körpers und erdenkt Konzepte, die weit über die Sicherung des Körpers hinausgehen. Bis der Geist einen Versorgungskomplex erreicht hat, nach dem das biologische Programm des Körpers überhaupt nicht verlangt.

Im Laufe der Zeit kehrt der Geist den Körper hundertfach von innen nach außen, stürzt sich aufs menschliche Hirn, erschafft zugleich Zivilisationen, optimiert menschliche Gesellschaften und errichtet hochkomplexe Systeme - wobei seine unverändert rücksichtslose und aggressive Grundhaltung eine wesentliche Rolle spielt.

Der Geist lernt die funktionale Seite der Natur zu erkennen, ihre graduelle Nachahmung und Anwendung. Er gestaltet seine Umwelt nach seinen Vorstellungen, erhöht immer weiter den Sättigungsgrad des Körpers.

Aber er findet weder den operativen Zugang zum biologischen Programm der Natur noch zum Verständnis fürs eigene Bewusstsein, das durch die Dominanz des Geistes die Bedeutung des Körpers vergessen hat.

Die Ganzheitlichkeit des Bewusstseins, im Überlebenskampf des Körpers noch präsent, ist abgetan. Die Befriedigung des Körpers bestätigt nicht mehr länger die Selbstwahrnehmung. Es zählen nur noch die Vorstellungen des Geistes.

Entstehung, Selbsterhaltung und Zerfall unterliegen in technologischen Zivilisationen einem Versorgungssystem, in dem Medizin, Ethik und Wohlstand jede persönliche Vorsorge und Verantwortung von Beginn an erledigen.

Wir sprechen hier nicht einmal von individuellen Vorstellungen, denen wir kurzerhand die Freiheit und den Ablass von jeder Versorgungsnot gegeben haben. Wir sprechen allein von einer allgemeinen Bewusstseinshaltung, die den Zeitgeist unsere Industrienationen und Massengesellschaften repräsentiert.

Unser menschliches Bewusstsein arbeitet nicht länger über Hunger und Schmerz, die Mängel oder Entbehrungen des Körpers, sondern allein durch die Vorstellung unseres Geistes. Anders ausgedrückt: Wir nehmen uns nicht mehr wahr auf Basis unsrer konkreten Verletzbarkeit, sondern nur noch aus den Vorstellungen unserer abstrakten Möglichkeiten.

Das Ideal perfekter Gesellschaften, das mit reinem Gewissen dem Willen nach selbstloser Verbesserung entspringt, hat das Gegenteil bewirkt. Seine Kurzsichtigkeit und sein Glaube an die kollektive Mündigkeit und Vernunft von Menschen, hat durch die bislang enttäuschende Erfahrung menschlicher Unzulänglichkeit in jedem von uns die Tendenzen des Egoismus und der Ignoranz nur verstärkt.

Die Abkehr unsres Bewusstseins von der Grasnarbe, hin zu einem ‚Ich‘, das sich eine Welt nach seinen Vorstellungen baut, hat am Ende einen höheren Preis als jede Auswirkung irgendeiner Entbehrung.

Unsere Industrienationen haben Medizin, Ethik und individuellen Wohlstand auf ein Maximum des Machbaren getrimmt und somit den zivilisatorischen Abstand zu ‚unterentwickelten‘ Gesellschaften exorbitant vergrößert.

Dieser ‚unnatürliche' Zustand, hervorgerufen durch ein künstliches Ungleichgewicht ökonomischer Chancen, haben das menschliche Dilemma des existentiellen und moralischen Ungleichgewichts verschärft und unsere ‚Ich-Vorstellung' in die Enge getrieben.

Die Errungenschaften der Industrie und Medizin, für den Einzelnen ein überragender Segen, gestalten sich in der Breite als Fluch.

Der sprunghafte Anstieg der Lebenserwartung in Entwicklungsländern, bei vergleichsweise schleppender Aufklärung und Geburtenprävention, führt lediglich zur Verstärkung von Überpopulation, der Verschärfung ethisch-religiöser Konflikte und wiederholten Hungersnöten.

Unsere Industrienationen haben auf Kosten der Umwelt das individuelle Ego zivilisiert. Aber unsere Ethik, ein Luxus auf Kosten der Umwelt, hat nicht verstanden, dass dieses individuelle Ego in Entwicklungsländern nicht zivilisiert werden kann, solange man immer weiter Symptome bekämpft und somit Ursachen verstärkt.

Es macht wenig Sinn, menschliches Leben zu bewahren, wenn dieses Leben über keine ausreichenden Grundlagen verfügt, womit es sein Überleben nachhaltig sichern kann. Besonders, wenn es zugleich ungebremst seinem biologischen Programm folgt und Nachkommen zeugt, die den gleichen Defiziten ausgesetzt sind.

Karitative Ernährungs- und Hilfsprogramme für Entwicklungsländer setzen ihren Humanismus nur immer weiter an die falschen Stellen.

Die Auswirkungen von Elend können hundertfach bekämpft werden - das Elend selbst kehrt mit doppelter Macht zurück, solange das individuelle

114

Ego unzivilisiert bleibt.

Die menschliche Massenmigration von Entwicklungsländern in unsere Industrienationen ist sowohl Beweis fürs Scheitern unsrer ökonomischen Systeme, wie unsrer ethischen und humanistischen Kosmetik.

Was nützt einem kriegsversehrten Kind aus dem Sudan die Schokolade eines Priesters oder die Beinprothese eines Arztes, wenn die unzivilisierten Strukturen vor Ort unverändert bleiben?

Wir sehen hier, wie unsere Ethik und Moral, gebaut auf existentielle Differenzen, mit ihren eigenen Idealen kollidiert.

Selbst das individuelles Ego der Zivilisation, das sich an seinen Ansprüche misst, ist noch nicht im kollektiven Bewusstsein seiner gegenseitigen Abhängigkeit angelangt. Es kann nur zivilisiert sein durch ökonomische Ungleichgewichte.

Wie kann das individuelle Ego in Entwicklungsländern also zivilisiert werden, indem massive existentielle Differenzen bestehen bleiben?

Die ethische Maxime einer bedingungslosen Erhaltung menschlichen Lebens bedarf endlich einer öffentlichen und konstruktiven Revision.

Menschliche Gerechtigkeit ist ein kostspieliger Vorgang. Man kann nicht jedem und allem ‚gerecht' werden. Die Kosten menschlicher Gerechtigkeit sind verbunden mit einer exklusiv-ökonomischen Potenz und daher lokal begrenzt. Existentielle Chancengleichheit kann auf globaler Ebene keine Anwendung finden, ohne zugleich die exklusive Chancengleichheit zu verlieren.

Dies gilt sowohl für Einzelne, wie Gesellschaftsschichten oder ganze Gesellschaften.

Das Individuum kann ohne das Kollektiv nicht bestehen. Sowenig, wie das Kollektiv ohne das

Bewusstsein des Individuums, das sich aus gemeinsamer Bestimmung kollektivieren muss. Dass in vielen Entwicklungsländern noch immer oder immer wieder Menschenrechtsverbrechen verübt werden, beweist doch die hohen Kosten für unsere zivilisierten Vorstellungen von Ethik, Humanismus und Moral - und zwar wechselseitig.

Wenn wir also wissen, dass die Ursachen für massive existentielle Differenzen in bestimmten Weltregionen keinen ökonomischen Ausgleich zulassen, weshalb betreiben wir dann beispielsweise keine Geburtenprävention und verhindern Elend, bevor es entsteht?

Nicht alles, was durch unsere Zivilisationen als ethische Standards gilt, ist in seiner Umsetzung auch tatsächlich ethisch vertretbar.

Ethik, Humanismus und Moral sind gerade durch die gegensätzlichen Extreme unserer menschlichen Entwicklung während der letzten 100 Jahre keine unveränderlichen Größen.

Menschengemachte Bedingungen und Umstände verlangen stets nach Anpassung und Reform ethischer Maximen an jeweilige Situationen.

Sie lassen sich nicht fixieren oder synchronisieren. Und sie lassen sich noch weniger exportieren - dazu von einem kulturellen Nährboden zum anderen.

Geistige Güter sind keine Waren wie Töpfe oder Nagelscheren. Da sie emotionale Befindlichkeiten berühren, macht dies ihre Verbreitung umso gefährlicher - vor allem, wenn diese Verbreitung mit blindem Eifer stattfindet und verschlimmert, was sie eigentlich verbessern will.

Wir Menschen sind nicht geschaffen für abrupte strukturelle Umwälzungen und Neuerungen, die an kulturellen und folglich emotionalen Befindlichkeiten rühren. Und wer aus uns Engel machen will, der macht uns zu Monstern.

Selbst in unsren Zivilisationen werden diese Monster bisher alleine durchs ökonomische Ungleichgewicht in Schach gehalten. Und es ist alleine die Befriedigung des individuellen Egos, die in unseren Zivilisationen für die Erhaltung von Menschenrechten, Frieden und allgemeiner Selbstbestimmung sorgt.

Jede utopische Idee benötigt eine langwierige Vorbereitung, die erst ins allgemeine Bewusstsein der breiten Masse dringen muss, bevor sie tatsächlich ein ideologisches und strukturelles Umdenken bewirkt.

Aus diesem Grund gibt es bisher auch kein verpflichtendes Maß für Ethik, Humanismus oder Moral. Weder zwischen Menschen noch Zivilisationen. Es gibt nur ihre freiwillige Übereinkunft - durch Sicherung der Selbsterhaltung und die Befriedigung egoistischer Bedürfnisse. Aber nicht durch freiwillige Aufgabe eminenter Vorteile oder Zugeständnisse, die eigene Defizite hervorrufen.

Der Wohlstand oder Mangel an Entbehrung hat auf sentimentale Art unsern Blick für die menschliche Natur getrübt.

Menschliches Elend, das aus humanitären Motiven Mitgefühl erfährt, wird zur Scham gezwungen. Seine Ohnmacht liefert es aus - ob selbstverschuldet oder nicht spielt hier keine Rolle.

Es zeigt keine Dankbarkeit und keine Achtung für seine Gönner. Es nimmt hin und nimmt an, was seinem Überleben dient. Da es aber ungewollt oder unabsichtlich der Scham ausgesetzt wird, entwickelt es bei unveränderter Abhängigkeit Ablehnung gegen fremde Hilfe.

Seine Ablehnung gilt dabei nicht unmittelbar denen, die ihm helfen. Es gilt der gefühlten Ungerechtigkeit für die unverdiente Potenz, über die seine Helfer verfügen. Da ihm die Eigenverantwortung abgenommen wird, steigt seine Frustration und kehrt seine Scham in Schamlosigkeit.

Es gibt gegenwärtig keine Chancengleichheit - nirgends. Bereits in exklusiven Systemen strebt die Chancengleichheit gegen null. Im globaler Hinsicht ist sie gleich null.

Chancengleichheit ist daher eine Erfindung von Utopien, von denen manche graduelle oder temporäre Anwendung finden. Andere womöglich oder nahezu sicher nie. Wir arbeiten daran - wie lange das richtige Maß an menschlicher Selbstbestimmung und umweltverträglicher Unzulänglichkeit auch dauern mag.

Die globale Verbreitung unsrer ethischen Werte, die Eingriffe unsrer Medizin, die ökonomischen Mächte - sie alle manipulieren bei neutraler Betrachtung lediglich das biologische Programm der Selbstregulation und nehmen Einfluss auf die natürlichen Kräfte, die auf Gleichgewicht drängen.

Kälte, Krankheit, Hunger, der menschliche Hang zu Kampf und Gewalt - sie alle sind keine Gespenster einer barbarischen Vergangenheit. Das animalische Erbteil im menschlichen Bewusstsein ist durch seine Verbindung zu Körper und Umwelt unveränderlich. Und es bildet jenen Teil unseres Bewusstseins, der wieder zupackt, sobald der Körper in Gefahr gerät.

Zivilisation und mit ihr unsre Ideale sind eine temporäre Erscheinung, entstanden aus der Organisation unsrer Selbsterhaltung, die übers Bewusstsein der körperlichen Vorsorge Eingang in

118

den menschlichen Geist gefunden haben.

Aber das Fundament für Zivilisation beruht auf einer Separation und Exklusivität, die nicht für holistische Zusammenhänge geschaffen sind.

Ihre Ideale tun nur alles, um diese Tatsachen ebenso zu vertuschen, wie das Chaos, das ihrem kollektiven Fehlverhalten entspringt.

Da Zivilisation auf künstlichem Ungleichgewicht und einer absurden Scheinordnung beruht, bieten ihre Errungenschaften der Mehrheit unsrer Spezis auch keine Lösungen für globales Elend.

Wissen ist nicht Vernunft. Sie kann zu Vernunft führen - aber nie durch Logik. Nur durch Achtsamkeit, Intuition und emotionale Intelligenz.

Wir erinnern uns: Die Vermehrung von Wissen verringert nicht die Dummheit.

Das Problem von Wissen ist seine naive Überzeugung vom kollektiven Segen seines Wissens, das ohne Beachtung der menschlichen Natur seiner Spezies selbstlos Geschenke macht.

Wir sehen die deutlichen Unterschiede zwischen einer analytischen und emotionalen Intelligenz, die zu ihrem Verständnis von gesamtheimlichen Zusammenhängen völlig verschiedene Kanäle benutzen.

Im Klartext: Das Wissen, das jemand rational anwendet, hat nichts zu tun mit dessen eigenem Wissensstand. Noch weniger mit den Kenntnissen emotionaler Motive, aus denen Vernunft erst heranwachsen kann. Die analytische Intelligenz weis, was sie weis. Aber sie weis nicht, was ihr Wissen aus denen macht, die wissen sollen, was sie noch nicht verstehen.

Dies ist der Gradmesser für alle Utopien und der Grund fürs menschliche Dilemma.

>DREIZEHN /

DEUS EX MACHINA

》》 Okay, reden wir an dieser Stelle über das ewige Thema, an der über kurz oder lang kein Mensch vorbeikommt. Gott.

Alle Religionen dieser Welt reden von Gott und vom Geist oder der Seele. Und sie alle machen uns Angebote, Versprechungen, wenn wir an ihre Interpretation des Göttlichen glauben ...

Aber wer oder was ist eigentlich Gott?

Wir treten einen Schritt zurück, wechseln in die Postion des Außenstehenden und stellen die Frage nach Gott einfach etwas anders.

Wir fragen, wie funktionieren der menschliche Verstand und der menschliche Glauben, der offenbar zwangsläufig immer wieder die unvermeidliche Frage nach Gott oder dem Göttlichen stellt?

Verstand kommt von der begrifflichen Eigenschaft des Verstehens - von bestimmten Ursachen, Auswirkungen oder Zusammenhängen.

Das ‚Verstehen' ist das Ergebnis der kognitiven Verknüpfung von diversen Vorgängen in unsrer Umwelt. Sie findet statt mittels unserer Wahrnehmung, die unser Wissen oder unsere eigene Erfahrung einbezieht.

Wir bezeichnen den Vorgang dieser Verknüpfung hier als *die Systematik unsrer Logik* - unser Bewusstsein schafft Zusammenhänge.

Unser Hirn formuliert also die Regeln unsrer Kognition, unsere Sinne die Filter unserer Logik.

Da wir Menschen, *um zu verstehen*, nicht frei sind von diesen Regeln und Filtern, sind unser Bewusstsein und somit unseren Verstand wiederum begrenzt.

Wir können nur verstehen, was nach unserer Systematik ‚für uns‘ messbar oder erfahrbar ist.

Der Radius von Leben und Tod oder Existenz und Nicht-Existenz, den unser Bewusstsein empfängt, ist daher zu begrenzt, um die zeitlichen und räumlichen Prozesse der Natur, ihre Vielschichtigkeit und die Gesamtheit ihrer Hintergründe rational zu erfassen.

Da unser menschliches Bewusstsein und unser Verstand durch die Natur begrenzt sind, betrifft dies somit auch sämtliche Anstrengungen, die wir unternehmen, um den existenziellen Ursprüngen und Zusammenhängen der Natur auf die Spur zu kommen. Folglich stellen die technischen Hilfsmittel und Messinstrumente unsrer Wissenschaften die Zusammenhänge unsrer Systematik notwendigerweise immer nur in Bezug zur Systematik selbst. Daher verengen sie die organische Welt auch stets auf unsere Logik, statt uns ihren gesamtheimlichen Umfang zu zeigen.

Sie erweitern zwar unser analytisches Wissen über universelle Zusammenhänge, aber nicht unser Bewusstsein für die Gesamtheit der Natur und ihre Ursachen und Wirkungen.

Unsere Logik kann sich weder selbst hinterfragen noch über ihre rationalen Grenzen hinaus. Daher liefert sie dem Verstand auch keine Erklärungen für Vorgänge, die wir, nach Ermessen unsrer Logik, als absurd, sinnlos oder irrational empfinden.

Das Ergebnis der Logik, die auf sich selbst trifft, ist der unvermeidliche Crash des Verstandes mit dem Unbekannten - einem Unbekannten das *Zweifel und Ängste* schürt.

Dieses Unbekannte ist die verborgene Seite der Natur, die unser Bewusstsein nicht rational fassen kann und deren Vorhandensein und Wirken wir uns daher weigern anzuerkennen.

Genau an dieser Stelle beginnt der Glauben - in der existentiellen Angst vor allem Unbekannten.

Was wir Menschen nicht verstehen, weckt Angst. Erhalten diese Ängste aber einen Namen, werden sie greifbar - und sie werden durch die Gemeinschaft teilbar. Der Name des Göttlichen ist der Name der Furcht, der durch menschliche Organisation zu kollektiver Ehrfurcht wird.

Das Göttliche und seine Wirkung, die aus mangelndem Wissen nicht verstanden, aber geglaubt werden ‚müssen‘, bilden jetzt die äußere Grenze unseres Verstandes. Sie fixieren irrationale Begriffe, die nicht ‚erdacht‘ werden können.

Begriffe wie Ewigkeit oder Unendlichkeit sind keine messbaren Größen, die Begrenzungen aufweisen. Da der menschliche Verstand aber nur innerhalb der ‚für unser Bewusstsein‘ wahrnehmbaren Grenzen operiert, können sie auch logisch nicht erfasst werden.

Der Glaube ist der Katalysator der Angst, der das Unbekannte für die Logik fixiert. Er fixiert das Rationale, indem er von seiner Logik loslässt

und sich (von neutralem Standpunkt der Natur betrachtet!) der zufälligen Absolutheit übergibt.
Somit folgt der Glauben der menschlichen Intuition dessen, was als mysteriöse Kraft außerhalb unseres Bewusstseins liegt und in seiner Macht über alles Unverständliche Anspruch auf eine *Absolutheit* erhebt, die jede Religion als *Ihre!* unumstößliche *Wahrheiten* klassifiziert.

Die zufällige Absolutheit der Natur, die für ihre Dynamik keine menschliche Interpretation benötigt, wird hier die göttliche Konstante spiritueller Systeme, die fürs Unbekannte menschliche Interpretationen liefert.

Was unser Verstand nicht erfasst, sichert nun der Glauben, der sich einer allgemein gültigen Messbarkeit entzieht, doch dafür das menschliche Verlangen nach ‚unsrer' Logik beruhigt.
Was dem menschlichen Verstand absurd oder sinnlos erscheint, findet im Glauben an die undurchschaubare, aber ‚auf seine Art' verständige Anwesenheit des Göttlichen seine ‚bedarfsgerechte' Auflösung.

/

Die alten Lehrer und Propheten unsrer frühen Hochkulturen, Väter der Umwelt und Zivilisation, holten das Göttliche aus allem, was die menschliche Angst weckte - hier Feuer, Wind, Blitz und Donner. Dort Hunger, Tod oder die Gegenwart wilder Tiere und Feinde.
Sie schufen die Grundlagen der organisierten Religionen und zugleich die expansiven Codes menschlicher Gemeinschaften. Eine menschliche Gemeinschaft ohne Glauben, die auf der Teilung

gemeinsamer Werte basiert, ist nicht möglich.

Aber der Preis für die Befreiung von den eigenen Urängsten war die unwiderrufliche Loslösung der Menschen von der Natur.

Die Trennung des Geistes vom Körper befreite zwar die Selbst-Illusion des Bewusstseins vom biologischen Programm des Körpers. Aber sie befreite sie auch vom Bewusstsein der Umwelt.

Nicht umsonst kommt der Psyche, bzw. Seele in sämtlichen Religionen eine hervorragende qualitative Wertigkeit zu, während der Körper als bloßes Gefäß vernachlässigt wird.

Die alten Lehrer und Propheten unsrer modernen Religionen stellten das Göttliche in transzendente und überirdische Zusammenhänge. Daher leugneten sie im Gegenzug auch den autonomen Ursprung der organischen Form oder Eigenwert des Körpers, zerbrachen somit das menschlichen Fundament in der Natur und verstärkten die Selbstbezüge.

Allein auf diese Art gelang überhaupt erst die Expansion menschlicher Organisationen und ihr Ausbau zu Zivilisationen.

Dass die göttlichen Mächte, die unsere Religionen im Jenseits erkennen, über menschenähnliche Hierarchien und Herrschaftsformen verfügen, bestätigt nur unsere Glaubenslehren.

Alle Religionen und spirituellen Systeme, egal in welchem menschlichen Kulturkreis anzutreffen, weisen immer eine Analogie auf.

Ihr *Werte- und Belohnungssystem* gibt dem menschlichen Ego die Möglichkeit zur aktiven Teilhabe einer göttlichen Gnade, die bei Befolgung ihrer Werte *postum* fortwirkt.

Die Natur macht den Menschen keine Angebote und keine Versprechen, die ihrer Logik Hilfestellung bietet und die emotionale Erfahrung des Absurden zu ihren Bedingungen regelt.

Ihr Entgegenkommen für ihre Organismen liegt allein in der Ausprägung von Überlebensstrategien, die im biologischen Programm der natürlichen Form liegen.

Dieses Programm der natürlichen Form, ihre Entstehung, Selbsterhaltung und ihr Zerfall ist fix.

Der Grund für ihre Unveränderlichkeit liegt in den reaktiven Wechselwirkungen der Natur, die zur Aufrechterhaltung ihres inneren Gleichgewichts die Beweglichkeit des ständigen Wandels (Dynamik!) benötigt.

Wir Menschen erkennen die Wechselwirkung zwischen Sonnenlicht und Regen aufs Wachstum unsrer Flora, da sie offensichtlich ist. Aber wir erkennen nicht die Wechselwirkung zwischen Feldhamster, Regenwurm und dem Nährstoffgehalt von Böden, da sie unserer Wahrnehmung ebenso verschlossen bleibt, wie die Wechselwirkung zwischen unsrem Unterbewusstsein, unsren Emotionen und Handlungen.

Das Gleiche gilt für Leben und Tod, sowie Ursprung und Bestimmung organischer Existenz.

Wir sehen von allem, was uns umgibt, nur einzelne Ausschnitte einer Oberfläche, die wir nach Vorgaben unsrer Wahrnehmung in für uns kognitiv verständliche Zusammenhänge stellen.

Das uns Unverständliche übergeben wir unsren Religionen, damit sie für unsren Verstand ‚gefällige' Auswege konstruieren. Wir sagen deshalb ‚gefällig', weil diese Auswege immer den Modus unsrer Systematik unterstützen und Erleichterung gewähren.

Das Göttliche kann durch die ‚richtige' Lebensweise zum eigenen Vorteil beeinflusst werden, kann mögliche Schäden abwenden, im Notfall eingreifen und Vergebung erteilen.

Die Gesetzmäßigkeiten der Natur und ihre existentiellen Wirklichkeiten, die auf uns einwirken, basieren hier ganz auf einer Interpretation höherer Mächte, die unsren Glauben ständig prüfen und unsere menschliche Existenz somit heimlich lenkt oder zumindest begleitet.

Die Gegenwart einer ‚höheren Logik' der Natur wird von uns Menschen ausgeschlossen, da sie zum einen nicht lukrativ und daher massentauglich ist. Zum anderen, da sie unsrem Verstand keine ‚gefälligen' Auswege bietet und durch religiöse Rituale nicht beeinflusst werden kann.

Gebete, Loblieder, Meditation - dies alles kümmert die Natur nicht. Und es kümmert sie deshalb nicht, da menschliche Selbstbezüge hier bedeutungslos sind.

Die menschliche Seele hat vor der Natur keine vortrefflichen Qualitäten, allein der Körper - die natürliche Form, die durch ihre unmittelbare Verbindung zur Umwelt ihrem biologischen Programm folgt. Dies bedeutet nicht, dass die Natur reduzierbar ist aufs Materielle oder Emotionen am Ende nur eine Frage der Biochemie.

Gerade die natürliche Form fordert zur Selbsterhaltung eine emotionale Intelligenz, die das Wissen um eigene Verletzlichkeit und Vergänglichkeit einfordert.

Der Körper ist nicht vorhanden, um ignoriert oder beschränkt, sondern gelebt zu werden - im Gleichgewicht zu seiner seelischen Verbindung.

Die neuronalen Geheimnisse des menschlichen Bewusstseins lassen sich daher weder mit dem Verstand noch mit dem Glauben ergründen.

Wir Menschen können uns diesem Geheimnis nur annähern, indem wir uns durch Achtsamkeit und Intuition der Natur selbst annähern. Durch bewusste Beobachtung organischer Existenz können wir die verdrängte oder unbewusste Seite unseres Bewusstseins erkennen und lernen, unsre Ich-Vorstellung abzulegen.

Das *Loslassen* von sich selbst, ähnlich dem meditativen Zustand einer geistigen Entleerung, schafft letztlich die Verbindung unsres Bewusstsein mit der organischen Existenz.

Erst hier, in Abwesenheit unserer Logik, erhalten wir eine tatsächliche Ahnung von den inneren Vorgängen der Natur und ihrem *Konzept einer universellen Ordnung durch Harmonie.*

Da wir Menschen, außer unserer Kognition, über keine anderen Medien zur Erkenntnis ‚sinnvoller' Zusammenhänge verfügen, bedarf es zur Einsicht in dieses natürliche Konzept auch einer uns verständlichen Bezugnahme.

Daher bezeichnen wir hier den Modus Operandi, womit die Natur ihre uns unbekannten Kräften auf so ‚sinnvolle' Weise steuert, als höhere oder *infinite Logik.*

Diese infinite Logik folgt, im Gegensatz zur finalen Logik des menschlichen Verstandes, keiner Notwendigkeit räumlich-zeitlicher Begrenzungen.

Begriffe wie Ewigkeit oder Unendlichkeit sind der praktische wie prozedurale Nährboden einer Natur, die ihre infinite Logik in räumlicher und zeitlicher Dimension auf unvorstellbare Weise verschachtelt. In räumlicher Dimension durch expansive Gestaltung oder Produktion materieller Form, in zeitlicher Dimension aber durch Komprimierung derselben Form.

Während Formgestaltung also für die räumliche Beweglichkeit von Wechselwirkungen sorgt, fungiert die Selbstregulation durch zeitliche Fixierung exakt diametral.

Selbstregulation und Wechselwirkung der Natur sind verflochten mit der infiniten Logik von Raum und Zeit und sorgen somit gleichsam für das Konzept einer universellen Ordnung durch Harmonie.

Ein Gleichgewicht bestehender Kräfte wirkt immer total und steht synonym für die umfassende Gegenwart von Ordnung. Findet man in einem x-beliebigen dynamischen System also Ordnung, steht sie für das gesamte Gebilde. Das Gleiche gilt umgekehrt.

Daher kann die natürliche Ordnung nur konstant durch ein Gleichwicht wirken, das dynamischen Kräften unterliegt, die systemübergreifend arbeiten.

In der Praxis: Ist ein Ökosystem in Unordnung, sind auch andere Systeme, wie das klimatische, betroffen.

/

Wir Menschen können die Gesetzmäßigkeiten von Raum und Zeit, die im biologischen Programm von Organismen Anwendung finden, auch lediglich hier detailliert beobachten und erkennen. Entstehung und Zerfall sind Basis und Antrieb der Evolution. Aber im holistischen Kontext sie sind nur das letzte Prinzip einer mittels Logik undurchschaubaren Kette von Prinzipien, wodurch die Natur ihre Größen, Kräfte und Phänomene reguliert.

Die Natur verbittet sich jede finale Logik und jede Vorstellung des Absoluten. Daher dient der organisierte Glaube an Gott oder das Göttliche, das als irrationales Hilfsmittel den finalen Fixpunkt setzt, wiederum dem menschlichen Selbstbezug, der in seiner begrenzten Logik auf hierarchische Strukturen und Instanzen beharrt.

Aus Mangel an verständlichen Alternativen wollen wir an dieser Stelle, trotz aller Widersprüche, den kurzen Versuch unternehmen von unsre Systematik und unsrem Selbstbezug loszulassen und dem Glauben an die infinite Logik der Natur nachspüren.

Wir können es uns jetzt einfach machen und behaupten, Gott oder das Göttliche ist identisch mit der Natur. Gott ist kein überirdisches Wesen, die Natur somit kein Rätsel mehr und kein Wunder. Wir können sagen, das Göttliche ist unter uns. In jeder Bakterie, jedem Wassertropfen, jeder Fliege, jedem Windstoß.

Wir können auch sagen, das Göttliche ist für jeden von uns, der mit sich selbst im Reinen ist, die elementare Einsicht in die natürliche Absolutheit. Und wir können sagen, das Göttliche ist somit überall. In den Gräsern, Blumen und Bäumen, im Wechsel der Jahreszeiten - und in jeder Berührung der Natur. Ein Klumpen Dreck - das ist für uns die Nähe zum Göttlichen - in ihrer ganzen Offenbarung und ganzen Gestalt. In allen Erscheinungen und Geheimnissen organischer Existenz liegt für uns das Göttliche.

Und es ist aus Mangel an verständlichen Alternativen vielleicht sogar legitim, dies alles zu sagen - mit dem Recht von Wissenden, die ihr Bewusstsein nicht als Maßstab der Existenz begreifen, sondern in der Gesamtheimlichkeit der Natur einen tieferen Sinn erahnen.

Nur sind diese Äußerungen reine Spekulation und greifen hier etwas zu kurz.

Wir wollen es etwas anders anpacken, um die essentielle Verbindung zwischen menschlichem Bewusstsein und Natur zu veranschaulichen.

Die Psychologie liefert uns hier beste Ansätze, um unsere seelische Abhängigkeit zur Natur zu verstehen. Denn die förderliche Wirkung einer natürlichen Umgebung aufs seelische Gleichgewicht komplexer Organismen ist unbestreitbar.

Bereits das Klima, Sonnenlicht, Temperaturen und Witterung, die maßgeblich die Aktivität von Substanzen bestimmen, beeinflussen durch unser verändertes Verhalten auch unsre Psyche.

Das zerebrale Erbe unsrer menschlichen Entwicklungsgeschichte zeigt sich in kollektiven Fragmenten unbewusster Urformen, die ebenso Belege unserer organischen Herkunft liefern, wie die Morphologie.

Die biologischen Informationen, die wir Menschen in unsrem Unterbewusstsein tragen, sind im Verhalten eines Einzellers bereits kodiert und werden durch die Evolution lediglich quantifiziert.

Unsere Zivilisationen manipulieren zwar unsren Blick auf unsre Umwelt, unser Bewusstsein und unser Verhalten gegen die organische Existenz, aber nicht unsere Verhaltenskodierung, die in unsrem Unterbewusstsein enthalten ist.

Wir reden bei der Verhaltenscodierung nicht von Trieben oder Instinkten. Sie gehören zum biologischen Programm des Körpers. Wir reden von Strategien und der Möglichkeit von Intuitionen, die unser Verhältnis zur Natur neu definieren, indem sie unser Bewusstsein für die Verbindung von Körper, Geist und Umwelt wecken.

Was wir Psyche oder Seele nennen und an seiner Oberfläche durch Logik autonom wirkt, steht in unverbrüchlichem Zusammenhang zum biologischen Programm des Körpers, das unsere Verhaltenskodierung unbemerkt lenkt und in ständiger Interaktion zur Umwelt steht.

Wir glauben, die Psyche befiehlt dem Körper, aber die Psyche folgt nur dem Körper. Daher besitzt die Psyche automatisch eine Intuition, die in der organischen Welt ihre Herkunft erkennt.

Die menschliche Psyche sucht immer ihren Weg zum Ursprung der organischen Existenz und findet somit zwangsläufig ihren Weg zur Natur.

Nur geschieht dies häufig allein durch Triebe und ohne jedes Bewusstsein einer Intuition, die den emotionalen Motiven der eigenen Psyche nachspürt. Daher bestimmen in der Mehrzahl auch Egoismus, Ignoranz und Selbstbetrug unsere Handlungen.

Aber davon ist hier nicht die Rede.

Das Bewusstsein, das durch Achtsamkeit und Intuition von seiner eigene Bedeutungslosigkeit weis, kennt bereits die Ursachen seiner emotionalen Motive. Es kann ablassen von Egoismus, Selbstbetrug und Ignoranz und hinter die flüchtigen Erscheinungen der Natur treten.

>VIERZEHN /

ZWEI HALME, EIN TRIEB

» Um zu verstehen, welche Kräfte hinter den Abläufen der Natur stecken, muss man zunächst die organischen und anorganischen Verbindungen der *natürlichen Form* betrachten.

Wir sehen in der natürlichen Form alle chemisch-biologischen Reaktionen, die sich konkret den Vorgängen einer Transformation und Produktion zuordnen lassen.

Entstehung und Zerfall sind immer das erste und letzte Prinzip von Organismen, die im Ablauf sämtlicher Wechselwirkungen sowohl die Basis wie die Spitze bilden. Die Basis sämtlicher Wechselwirkungen, da sie ständiger Transformation unterliegen und jede gravierende Veränderung der natürlichen Bedingungen zuerst durch Organismen ersichtlich wird. Die Spitze sämtlicher Wechselwirkungen, da sie das höchste Produkt der Biologie darstellen und sich perfekt den natürlichen Bedingungen anpassen.

Diese beiden Extreme aus Transformation und Produktion sind absolut. Sie werden gesteuert durch externe Wechselwirkungen.

Da sich substanzielle und klimatische Bedingungen für Organismen ändern, muss die Biologie reagieren.

Universelle Beständigkeit bedeutet hier ständige Beweglichkeit auf sämtlichen Ebenen.

Denn erst die temporäre Existenz von Organismen ermöglicht auch ihre dauerhafte Produktion.

Daher stellen wir das letzte Prinzip von Organismen vor das erste, betrachten Entstehung und Zerfall von Organismen nicht aus chronologischer Sicht und der Perspektive von Organismen, sondern in ihrem biologischen Kontext. Zerfall ist somit weniger die Folge der Entstehung als die Voraussetzung für Entstehung.

Die Transformation von Organismen durch Zerfall beinhaltet zwar die Trennung ihrer organischen Verbindung und ihr Verschwinden, aber nicht das Verschwinden ihres organischen Materials. Die Transformation von organischem in anorganisches Material gehört zur Selbstregulation des biologischen Kreislaufs, der wiederum neues Substrat für Organismen und deren Produktion bereitstellt.

Da die natürliche Form einerseits produktiven, anderseits destruktiven Faktoren unterliegen, sind der Existenz von Organismen in Wachstum und Lebensdauer immer Grenzen gesetzt.

Somit erweisen sich gerade die destruktiven Prozesse der Biologie als essentielle Quelle der natürlichen Form, die durch ihre Variabilität und Anpassung stets präsent und aktiv bleibt.

Biologie bedeutet Leben. Solange die Biologie im Rahmen der Kräfte steht, die aus Wechselwirkungen und Selbstregulation ein elementares Gleichgewicht erzeugen, gibt es auf dieser Erde keine Abwesenheit von Leben.

Der Ursprung aller Organismen liegt in einer chemisch-biologischen Reaktion, in der sich organische Verbindungen von ihrem jeweiligen Substrat abspalten. Also heißt Leben für jeden Organismus auch Separation vom anorganischen Teil seines ursprünglichen Substrats.

Die Aufgabe der natürlichen Form besteht jetzt in der erneuten Verbindung ihrer Organismen mit dem anorganischen Teil ihres jeweiligen Substrats.

Wir können auch sagen, ein Organismus, durch seine organische Autonomie getrennt von der substantiellen Einheit mit seinem Substrat, kehrt mit Ende seiner organischen Funktionen zurück in seinen Ursprung.

Chemische Wechselwirkungen umschließen und ergänzen hier den biologischen Prozess von Entstehung und Zerfall.

Da Organismen dem biologischen Programm des Körpers folgen, kommt es durch ihre Reproduktion, ihre Destruktion und somit Transformation automatisch zur Sicherung des Substrats.

Die Natur macht keinen Unterschied zwischen Leben und Tod einzelner Organismen. Organische wie anorganische Substanzen und Materialien sind durch die Vorgänge der natürlichen Form für sie gleichermaßen Werkstoffe, die immer dem gesamten Organismus dienen.

Der produktive Teil der Natur, den wir Leben nennen, kann nicht getrennt werden von seinem destruktiven, den wir Tod nennen. Daher steht nicht nur alles, was lebt, in Verbindung, sondern ebenso sämtliche Abläufe der Natur, die sich menschlicher Erfahrung, Messbarkeit und somit Erkenntnis entziehen.

/

Um der Basis hinter den Abläufen der Natur auf die Spur zu kommen, wollen wir, aus Mangel an wissenschaftlichen Beweisen, an dieser Stelle hypothetisch vorgehen.

An ihrer sicht- und erfahrbaren Oberfläche baut die Natur auf duale und diametrale Axiome. Wir beobachten diese offensichtlichen Axiome einer Zweiteilung und Gegensätzlichkeit überall. Ob auf biologischer, chemischer oder physikalischer Ebene - wir sehen zwei Teile, die jeweils erst durch Fusion oder unter Zusammenführung mit ihrem Gegenteil den Status einer zweckmäßigen Einheit erlangen.

Aber wir irren. Denn die erdachte Voraussetzung von Dualität und Gegensätzlichkeit kann nicht zu natürlichen Wechselwirkungen führen. Wir sehen zuerst:

Ohne Materie (Objekte, Massen) keine Kraft, die einwirkt. Ohne Kraft keine Materie, die vorhanden ist.

Wir folgern daher:

Ohne Materie keine Wechselwirkung, wie ohne Wechselwirkung keine Materie.

Aber wir wissen:

Natürliche Wechselwirkungen beschreiben immer die Wirkung von Kräften auf Objekte oder Massen.

Also erkennen wir:

Das Vorhandensein von Objekten sorgt zwar für die Aktivität von Kräften. Aber das Vorhandensein von Kräften beinhaltet bereits das Vorhandensein von Objekten. Wir können also sagen, Objekte sind immer Kraft im Wandel (Dynamik).

Wir verstehen:
Welchen Umfang an Naturkräften und daher welches Ausmaß an Wechselwirkungen (und Veränderungen im und fürs gesamte Ökosystem!) Objekte durch ihr Vorhandensein letztlich freisetzen, hängt wiederum ganz an der Art ihrer Verbindung mit anderen Objekten.
Dies gilt auf biologischer, chemischer oder physikalischer Ebene.
Wir folgern:
Die Freisetzung von Kräften durch Objekte, die dem Vorgang natürlicher Wechselwirkungen entspricht, erfolgt somit stets bei Bedarf, in Bezug oder als Konsequenz auf andere Naturkräfte, die durch weitere Objekte wirken.
Wir können den Begriff der Objekte hier beliebig gleichsetzen mit allem, an dem wir Kraft im Wandel (Dynamik) beobachten. Ob Magnetismus, Elektrizität oder Gravitation.
Und wir können den Begriff der Objekte ebenso gleichsetzen mit geologischen oder klimatischen Phänomenen.
An der Oberfläche sehen wir Massen, Substanzen oder Organismen, und diese zumeist im Zustand der Ruhe, der unscheinbaren Aktivität oder im zeitnah unauffälligen Wandel.
Was wir aber nicht sehen, ist die ständige Freisetzung von Naturkräften oder Wechselwirkungen durch diese vermeintlich passiven Massen, Substanzen oder Organismen. Allein ihr Vorhandensein bedeutet daher bereits die Aktivität von Naturkräften oder Wechselwirkungen.
Wir folgern:
Wenn Objekte aus Wechselwirkungen entstehen, ihnen dauerhaft unterliegen und durch sie zer-

fallen, sind Objekte nichts weiter als Ausdrucks- oder Erscheinungsformen von Wechselwirkungen.

Mit wenigen Worten:

Objekte sind Erscheinungen aus Naturkräften und als Erscheinungen nur eine veränderliche Projektionsfläche von Naturkräften.

Somit sind Naturkräfte nichts anderes als der Projektor einer Natur, die sich durch Objekte zwar abbildet, aber selbst gar nicht zeigt.

Wir sehen die Wirkungen der Natur, den ständigen Wandel durch ihre Kräfte (Dynamik).

Aber wir sehen nicht, was diesen Wandel auslöst und steuert.

Unsere Physik kennt bisher vier fundamentale Wechselwirkungen oder Grundkräfte, sowie deren Funktionen. Gravitation, Elektromagnetismus, Schwache Wechselwirkung und Starke Wechselwirkung sind nachweislich allesamt Naturkräfte, die Wechselwirkungen ausdrücken. Ihre elementare Bedeutung für Entstehung, Stabilität und Veränderung dieses Universums ist bekannt.

‚Wie‘ diese bekannten Kräfte allerdings konkret zusammenwirken, welche weiteren Kräfte möglicherweise noch existieren und vor allem, worauf diese Kräfte durch ihre (für unsere Einheitlichkeit!) perfekte Gesamtkoordination notwendigerweise gemeinsam basieren - wir wissen es nicht.

Ein Gedankenexperiment:

Wir sitzen in einem abgedunkelten Raum und sehen an der Wand eine Projektion.

Wir wissen nicht, das wir tatsächlich in einem abgedunkelten Raum sitzen und nichts anderes sehen, als diese Projektion.

Da diese Projektion für unsren Verstand sämtliche erfahrbaren Wirklichkeiten darstellt und zugleich unser emotionales und physisches Empfinden einschließt, halten wir sie für real.

Im Höchstfall ahnen wir mit der Zeit und durch eigene Intuition etwas vom Projektor und seiner Projektion. Aber wir wissen nichts vom Projektor selbst oder dem Grund, weshalb und wodurch diese Projektion ausgelöst wird.

Wir können ihre Existenz nicht beweisen.

Wir wissen, um zu leben, sind wir weiterhin gezwungen diese Projektion, dessen Teil wir sind, für real zu halten. Aber wir sind jetzt auch der Überzeugung, dass wir tatsächlich ebenso in einem abgedunkelten Raum sitzen und hinter der Projektion etwas anderes liegt, als wir sehen.

Ein Teil von uns ist anwesend in der Reflexion, der andere abwesend, sitzt in dem dunklen Raum, beobachtet die Reflexion und wundert sich über seine gleichzeitige An- und Abwesenheit.

Also überlegen wir, versuchen die Dualität und den Konflikt unsrer Psyche zu überwinden oder auszusöhnen.

Wir suchen nach einer logischen Lösung. Aber wir finden keine logische Lösung. Irgendwann kommen wir zum Punkt der Verwirrung, zum Zweifel am Sinn des Begreiflichen. Wir verstehen, das hinter diesem Begreiflichen das Unbegreifliche steht, das wir verstehen wollen, aber nicht verstehen können.

Was wir hier nicht einsehen, ist folgendes:

Unser Bewusstsein sucht die Gesamtheimlichkeit des Verständlichen wie Unverständlichen an der falschen Stelle. Es sucht in der eigenen Psyche und in der Projektion nach seiner Verbindung zur Gesamtheitlichkeit.

Zur Lösung seines existentiellen Konflikts bleiben unsrem Bewusstsein am Ende drei Möglichkeiten.

Es findet entweder ein spirituelles System.

Es lebt notgedrungen mit seiner Verwirrung.

Oder es verzweifelt.

Das Bewusstsein kann seine Vorstellung mit allem verbinden, außer mit sich selbst.

Denn jede Vorstellung im Bewusstsein benötigt immer eine ganz bestimmte Sache - seine zentrale Projektionsgrundlage: *Ich.*

Daher weis das Bewusstsein auch nicht, das sein Ich nur ein strategisches Hilfsmittel der Natur ist. Das Bewusstsein, das sich selbst hinterfragt, weis noch nicht, das es nicht existiert und allein durch die kollektive Erfahrung der Projektion ausgelöst wird. (Mit anderen).

Zur Gesamtheimlichkeit des Verständlichen mit dem Unverständlichen muss das Bewusstsein also erst seine Ich-Vorstellung entweder ablegen oder sie wiederum kollektivieren.

Religionen kollektivieren diese Ich-Vorstellung.

Ein Kollektiv glaubt an X.

Indem alle Mitglieder des Kollektivs an X glauben, braucht X keine Beweise mehr. Die Projektion der Natur kommt von X, der Projektor ist X.

Somit gibt es fürs Bewusstsein auch keinen Konflikt mehr zwischen Begreiflichem und Unbegreiflichem.

Die Frage nach Wechselwirkung und Selbstregulation der Natur ist hiermit erledigt.

Dafür existiert die Ich-Illusion allerdings weiter und untergräbt somit unsre Frage nach der Selbstorganisation der Natur.

Um unsrer Frage nach der Selbstorganisation der Natur weiter auf den Grund zu gehen, müssen wir das menschliche Bewusstsein erst komplett in Frage stellen und unser Ich ablegen.

Wir erreichen diesen Zustand, indem wir unser

Verhalten den natürlichen Bedienungen der Projektion angleichen, unser Bewusstsein in Einklang mit der Projektion bringen und in ihrem Projektor Naturkräften begreifen, die sich durch ihre infinite Logik selbst steuern.

Die Gesamtheimlichkeit des Verständlichen wie Unverständlichen entsteht hier nicht aus dem Glauben, dass wir sowohl Teil einer Projektion wie deren separierter Beobachter sind.

Sie entsteht aus der Gewissheit, das unser Bewusstsein, unser emotionales und physisches Empfinden eine Folge kollektiver Erfahrung ist. Daher sind wir auch in jedem Teil der Natur ‚gleichermaßen‘ enthalten.

Wir sind sowohl die Objekte, die uns mittels Naturkräften von der Natur projiziert werden, wie die Natur, die wir mittels Naturkräften selbst projizieren. Wir werden gesteuert, wie wir selbst steuern - in jeder natürlichen Erscheinung. In jedem Organismus, jeder biochemischen Reaktion, jedem Phänomen, jeder Wechselwirkung und Selbstregulation.

Wir bilden das Substrat und sind das Substrat, auf dem wir entstehen und zerfallen.

Wir erkennen in der oberflächlichen Dualität und Gegensätzlichkeit der Natur also nicht zwei Hälften einer Einheit mit gegensätzlichen und wesensfremden Qualitäten, sondern eine unendliche Einheit von *identischen Qualitäten*.

Zur räumlich-zeitlichen Koordinierung dieser unendlichen Einheit und ihrer identischen Qualitäten hat die Natur ihre Erscheinungen mit Codes versehen.

Eine *Interaktion oder Kooperation* scheinbar separierter und unbekannter Teile kann nur stattfinden durch gegenseitige Decodierung und

Wiedererkennung dieser Teile als Träger identischer Qualitäten.

Wir reden hier nicht nur von der direkten Interaktion zwischen Organismen, sondern vom Gesamtkomplex - der direkten und somit indirekten Interaktion zwischen Phänomenen, Biochemie und Organismen, die allesamt verbunden sind durch ihre identischen Qualitäten.

Die Qualität eines Feldhamsters ist identisch mit der Qualität eines Wirbelsturms, führt in der räumlich-zeitlichen Koordinierung der Natur nur eine völlig andere Funktion aus. Ihre jeweilige Bedeutung und Wirkung bezüglich einem Ökosystem wird aus direktem Vergleich unterschiedlich bewertet, ändert durch ihre identischen Qualitäten allerdings nichts an ihrer Interaktion und folglich dem gemeinsamen Zweck ihrer Funktion.

Das ganzheitliche Verständnis der Natur, das im eigenen Organismus eine temporäre Erscheinung sieht, die in anderen Organismen ihre Ergänzung, Fortsetzung und Entsprechung findet, hat den menschlichen Gedanken der Separation und Konkurrenz überwunden.

Das Zusammenarbeiten einzelner Zellen bringt ihr Zusammenwirken. Es führt zum Zusammenwachsen und zur Existenz als Organismus.

Die äußeren Hindernisse, die nun dem Zusammenwachsen von Natur und Mensch entgegenstehen, liegen allein in der menschlichen Unkenntnis seiner identischen Qualitäten und somit identischen Wertigkeiten zu allen übrigen Phänomenen und Organismen.

Dieser solidarische und existentielle Ansatz, der bei praktischer Anwendung *Synergie* bringt, ist der Eingang in den Willen der Natur und die

Basis fürs Zusammenwachsen zuvor wesensfremder Teile.

Sie bildet die räumlich-zeitliche Achse, auf der sich die natürliche Selbststeuerung mittels Wechselwirkung und Selbstregulation bewegt, scheinbare Dualität und Gegensätzlichkeit verbindet und diese Verbindungen als Ganzes erhält.

Wir haben festgestellt, dass die identischen Qualitäten aller Phänomene, Reaktionen und Organismen einem *gemeinsamen Zweck* dienen. Da sie einem gemeinsamen Zweck dienen, folgen sie auch einem *gemeinsamen Ziel* und teilen daher eine *gemeinsame Bestimmung*.

Die unendliche Einheit von identischen Qualitäten, die wir Menschen bisher noch ignorieren, wird sich im Zuge dieser gemeinsamen Bestimmung der räumlich-zeitlichen Achse angleichen. Unsere Interaktion mit der Natur kann auf Dauer also nur dieser gemeinsamen Bestimmung entsprechen, die zu ihrer Durchführung nach Synergie verlangt.

Ob wir Menschen bewusst oder unbewusst gegensteuern oder einlenken - wir können die gemeinsame Bestimmung organischer Existenz nur ebenso akzeptieren, wie das persönliche Loslassen.

FÜNFZEHN

SYNCHROSIERT!

 Wenn wir über Zeit sprechen, meinen wir automatisch den Raum.

Zeit ist keine physikalische Größe, sondern ein Phänomen. Sie ist nicht umkehrbar oder definierbar ohne Raum. Allein ihre räumliche Bezugnahme, ihre ständige Gestaltung und Veränderung des Raums beweist ihre Anwesenheit.

Zeit ist immer ein subjektives Erlebnis.

Sie kann unter Veränderung äußerer Bedingungen verschieden erlebt werden, bleibt aber in ihrem messbaren Ablauf unveränderlich.

Die Physik formuliert Gesetze, die zeitliche Abläufe in Abhängigkeit stellen zu Geschwindigkeit und Gravitation.

Zeit besitzt hier weder eine eigene Bewegung noch eine eigene Masse. Daher wirkt sie im Raum durch die Bewegung von Masse und somit Veränderung von Objekten, die mit ihrer Masse wiederum einer bestimmten Gravitation unterliegen. Ihr Ablauf und ihre Übereinstimmung mit dem

Raum entsteht durch die Verbindung von Masse und Bewegung, die im Raum stattfindet.

Ein Apfel entsteht und vergeht nicht durch Zeit. Sie ist nur der sicht- oder messbare Effekt, den sie auf den Apfel ausübt. Der Apfel entsteht und vergeht durch die ständige Veränderung des Raums, die Masse in Bewegung darstellt - ganz gleich woraus diese Masse besteht.

Der Apfel selbst bewegt sich nicht. Er hängt am Baum. Aber seine Masse unterliegt Naturkräften oder Wechselwirkungen, (Rotation der Erdachse und Gravitation), die durch ihre ständige Präsenz die Masse oder Energie des Apfels freisetzen. Der reife Apfel, der nicht gepflückt wird, fällt auf den Boden. Seine Zellwände, im biologischen Programm der Natur verankert, zerfallen. Der Apfel gärt und verfault - ein Effekt von Zeit, die das biologische Programm des Apfels begrenzt.

Ein Apfel, ein Objekt, eine Landschaft, ein Planet - das alles sind Massen in einem Raum, die sich durch Naturkräfte oder Wechselwirkungen in Bewegung befinden. Ihre Entstehung aus Dynamik und ihr Zerfall durch Freisetzung ihrer Energien machen den Prozess der räumlichen Veränderung mittels Zeit daher unendlich.

Eine Sekunde ist immer eine Sekunde - ganz gleich in welchem Raum und unter welchen Bedingungen man Zeit bemisst. Dass ihr subjektives Erlebnis sich durch Extreme von Geschwindigkeit und Gravitation verändert, bleibt für unsere Betrachtungen der natürlichen Realitäten auf unsrer Erde zwar unerheblich. Aber sie ist nicht unerheblich für unsere Betrachtungen zum menschlichen Bewusstsein, das Zeit als Maßeinheit seiner existentiellen Dauer versteht.

Zeit ist relativ - durchs subjektive Erlebnis von Zeit. Aber die Unvermeidlichkeit ihrer Gegenwart ist immer absolut und unveränderlich.

Bewegung im Raum führt immer zur Verkürzung von Zeit. Je schneller eine Bewegung von A nach B, umso kürzer das subjektive Erlebnis der Zeitspanne, die mit A beginnt und in B endet.

Die Konsequenzen, die sich hieraus existentiell ergeben sind unübertrefflich.

Wir fahren auf einer Autobahn mit 120 Km/h von A nach B. Die Strecke ist frei, wir fahren schneller. Wir kontrollieren zwar weiterhin unsere Aktion, aber nicht mehr unsre Reaktionszeit.

Zum einen nimmt unsere Reaktionszeit in proportionalem Verhältnis ab zur Geschwindigkeit unsrer Bewegung. Zum anderen erhöht sich durch räumliche Veränderung die quantitativen Möglichkeiten des Zufalls und folglich die Disposition des Unvorhersehbaren.

Bewegungen von Massen sind immer räumliche Aktionen, die Zeitabläufe verkürzen und daher räumliche Veränderungen beschleunigen. Die Ursache von Zufall liegt in der Aktion und steigt mit der Geschwindigkeit räumlicher Veränderung. Ganz unabhängig vom Grad ihrer Planung und der Perfektion ihrer Ausführung, unterliegen sämtliche Aktionen in ihrem Verlauf somit Zufällen.

Das subjektive Erlebnis von verkürzter Zeit kann durch den Zwang der Bewegung im Raum zwar nicht verlängert, aber gedrosselt werden.

Die Verringerung von Geschwindigkeit in Aktionen führt gleichzeitig zur Verlangsamung räumlicher Veränderung. Sie verringert die quantitativen Möglichkeiten des Zufalls und erhöht die Disposition des Vorhersehbaren.

Für uns Menschen ergibt sich daraus Folgendes. Der Kontrollverlust über eine Aktion ist gleich dem Kontrollverlust über Zeit, ist gleich dem Kontrollverlust über die Gegenwart.

Daher gibt unser gegenwärtiges Verhalten im Raum immer Aufschluss über unser gegenwärtiges Verhältnis zu Zeit.

Im Umkehrschluss: Wer Zeit kontrolliert, kontrolliert eine Aktion und die Veränderung des Raums, die gegenwärtig stattfindet.

Mit der Veränderung des Raums meinen wir hier die Gestaltung unsrer Umwelt.

Zeit ist für uns Menschen also der Schlüssel zur gezielten Angleichung unsres Bewusstseins mit unsrer Umwelt.

Zeit ist eine Einbahnstraße, die immer in gegenwärtiger Richtung verläuft. Daher ist sie die äußerste Instanz aller Wirklichkeiten, mit denen wir den Zeitpunkt des ‚Jetzt' ausdrücken.

Folglich haben wir es hier zu tun mit der größtmöglichen Annäherung an einen Zustand, der nicht nur sämtliche Vorgänge im Raum koordiniert, sondern auch das Erscheinungsbild des Raums bestimmt.

Was wir hier erhalten nennt sich *Ordnung*.

Ordnung ist die Demonstration der unendlichen Einheit identischer Qualitäten in Interaktion.

Der Feldhamster, der Wirbelsturm, der Apfel, der Raum, die Bewegung von Masse - sie alle sind verbunden durch Interaktion im ‚Jetzt'.

‚Jetzt' ist zwar nur ein Moment, ein instabiler Zustand, der sofort wieder verschwindet. Trotzdem verfügt ‚Jetzt' über ausreichend Wirkung, um sämtliche Wirklichkeiten der Natur zu *synchronisieren*.

Dafür die identischen Qualitäten.

Sie sind die Voraussetzung zur Synchronisierung sämtlicher Wirklichkeiten.

Das Synchronisieren selbst ist stets der Vorgang, der „Jetzt!' zur Interaktion sämtlicher Wirklichkeiten führt.

Aber das Synchronisieren hat einen Haken.

Es kann durch die identischen Qualitäten sämtlicher Wirklichkeiten zwar deren Interaktion bewirken. Da Interaktion aber immer Veränderung bringt, verändert sich auch die Wechselwirkung sämtlicher Wirklichkeiten.

Die identischen Qualitäten sämtlicher Wirklichkeiten bleiben immer unverändert. Aber nicht ihre gegenseitigen Einflüsse.

Das Synchronisieren kann die Interaktion nur zu einer gemeinsamen Ordnung führen, wenn sämtliche Wirklichkeiten - Äpfel, Feldhamster, Wirbelstürme - einer dauerhaften Kraft unterliegen. Andernfalls entsteht Chaos.

Anders ausgedrückt: Was die Natur zur Beständigkeit ihrer Ordnung braucht, ist eine Kraft, die auf sämtliche Wirklichkeiten einwirkt, von der Zeit aber unbeeinflusst bleibt. Gravitation.

Gravitation ist die Kraft, die das Synchronisieren zur erneuten Ordnung sämtlicher Wirklichkeiten bewegt. Die Veränderung, die aus der Interaktion entsteht, kann somit im nächsten Moment wieder synchronisiert werden.

Das „Jetzt' ist der Moment der Interaktion, die Veränderung bringt. Allein durch Neuordnung der Veränderung kann diese Interaktion im nächsten Moment ihre Fortsetzung finden.

Umgekehrt ausgedrückt:

Zeit braucht zur weiteren Synchronisierung einer Interaktion erst die Neuordnung der zuvor entstanden Veränderungen.

Dafür sorgt Gravitation.
Der Apfel fällt auf den Boden, die Veränderung ist wieder geordnet. Das Synchronisieren sämtlicher Wirklichkeiten beginnt von Neuem. Die Interaktion kann ‚jetzt' übergangslos ablaufen.
Dass eine Interaktion sämtlicher Wirklichkeiten immer sämtliche Möglichkeiten der Veränderung einbezieht, ist verständlich.
Ein Blitz kann den Apfelbaum treffen. Ein Mann kommt vorbei und fällt den Baum. Der Baum erkrankt und stirbt ab - alles Ergebnis einer Interaktion, die zwar Veränderung bringt, aber nie die natürliche Ordnung gefährden kann.
Im Klartext: Zeit synchronisiert und ordnet mithilfe von Gravitation die Abläufe der Natur.
Sie schaltet die natürliche Interaktion frei und reguliert sämtliche Wirklichkeiten durch die gemeinsame Bedingung der Gravitation.

/

Vergangenheit, Gegenwart und Zukunft sind keine voneinander unabhängigen Vorgänge. Sie werden von uns zeitlich fixiert, säuberlich getrennt und als empirischer Kompass verwendet.
Da sie als Trinität der Zeitlichkeit aber sämtliche existentielle Wirklichkeiten enthalten, sind auch ihre Wirkungen aufeinander unübertrefflich.
Das subjektive Erlebnis im Raum entspricht dabei dem subjektiven Erlebnis von Zeit. Es verwischt die Grenzen der Zeit.
Wir interpretieren die Grenzen der Zeit allein durch unser subjektives Erlebnis von Zeit.
Die Chronologie der Zeit bleibt unveränderlich.
Die Uhren stimmen und ticken unaufhaltsam.

Aber ihr Status quo, der Raum, den wir ‚im Moment' sehen, ist immer Ergebnis einer Vergangenheit, die auf dem subjektiven Erlebnis einer vorangegangen Gegenwart beruht.

Das heißt, der Raum, den wir ‚im Moment' sehen, ist bereits Vergangenheit. Die Gegenwart ist längst weiter und hat den Raum verändert. Durch unser subjektives Erlebnis von Zeit haben wir ihr räumliches Fortschreiten nur nicht bemerkt.

Bis wir die Veränderung im Raum dann tatsächlich bemerken, ist die Gegenwart längt wieder Zukunft und hat den Raum von Neuem verändert.

Für uns Menschen bedeutet das:

Unser gegenwärtiges Verhalten, das in der Vergangenheit begonnen hat und zeitlich unverändert bleibt, liefert uns in der Zukunft immer ein ganz bestimmtes Ergebnis. Daher hinken wir der Zeit unaufhörlich hinterher, anstatt sie bewusst zu gestalten.

Wir sind überzeugt, dass wir unsere Zukunft durch die Gegenwart steuern. Aber in Wahrheit wir steuern nur die Nachwirkung einer Gegenwart, die längst Vergangenheit ist.

Was ‚jetzt' stattfindet, hat bereits stattgefunden durch eine Vergangenheit, die uns nur als Gegenwart erscheint.

Der Grund, dass wir räumliche Veränderung nicht synchron mit der Gegenwart bemerken, liegt allein in unsrem subjektiven Erlebnis von Zeit, dem unser Bewusstsein ausgeliefert ist.

Zum einen kann eine Aktion nicht ausgeführt werden ohne Standortänderung und Zeitaufwand. Zum andern verhindern unsere Erinnerungen, Vorstellungen, Pläne und Aktionen, unser Empfinden von Langeweile oder Begeisterung unsre Synchronität mit der Gegenwart.

Dies bedeutet für uns Menschen weiterhin:

Je stärker wir unseren Aktionen und somit unserem subjektiven Erlebnis von Zeit vorauseilen, desto mehr bewegen wir uns eigentlich in der Vergangenheit. Und dort sind wir gegenwärtigen Veränderungen dann komplett ausgeliefert.

Unsere einzige Möglichkeit zur Gestaltung von Zukunft liegt in der bewussten Angleichung unsrer räumlichen Bewegung an die Synchronisierung der Natur. Denn sie definiert Gegenwart und Veränderung.

Die Redewendung ‚Sich Zeit lassen' bedeutet für uns die größtmögliche Annäherung an eine Gegenwart, die uns die bestmögliche Voraussicht für räumliche Veränderung bringt.

Wir können unsere Zukunft nicht gestalten durch ständige Bewegungen, die uns nur in weitere Abhängigkeit zu räumlicher Veränderung setzt. Wir gestalten unsere Zukunft nur durchs Bewusstsein fürs Regelwerk der Zeit.

Aber dazu bedarf es erst dem Wissen um die Gesetze zeitlicher Trinität.

1. Universelle Kausalität:

Ein Ereignis oder Erlebnis, eine Handlung oder ein Zufall lösen immer eine Wirkung aus. Diese Wirkung kann erst verschwinden, wenn Ursache und Wirkung sich gegenseitig assimilieren. Andernfalls bleibt die Wirkung bestehen. Sie kann sich durchs Ticken der Uhr verringern oder vergrößern. Aber ihr Bestehen übt immer Einfluss auf andere Ereignisse, Erlebnisse oder Handlungen, die ihnen nachfolgen.

2. Defizitäre Dynamik:

Eine Aktion oder Handlung überschneidet sich immer mit anderen Aktionen oder Handlungen.

Dieses Zusammentreffen verzögert oder verändert zwangsläufig den jeweiligen Ablauf der anderen Aktion und erhöht ihren Zeitaufwand. Somit kann eine Aktion ein bestimmtes Ziel nur erreichen, wenn dieses Ziel selbst keiner zeitlichen Veränderung unterliegt.

3. Rekursive Progressivität:
Ein Zustand oder konstanter Vorgang verliert mit seiner Dauer immer seine ursprüngliche Bedingung. Da diese Bedingung irreversibel ist, kann ein Zustand nur fortbestehen, wenn die ursprüngliche Bedienung für diesen Zustand bereits in der Dauer des Zustands enthalten ist.

Veränderungen hängen immer ab von gegenwärtigen Faktoren, die sich exakter Kalkulation zwar entziehen, durch zeitliche Kontrolle von Aktionen aber beeinflusst werden können.

Dass sich Zukunft nie vorhersagen lässt, liegt am Pool der Möglichkeiten, aus denen die natürliche Synchronisierung ‚gegenwärtig' auswählt und wieder hervorgeht.

Was die Natur der Gegenwart somit liefert, ist nur der Rahmen, der bestimmte Möglichkeiten von Interaktion zeitlich ein- und ausschließt.

Die Natur formuliert beständige Bedingungen, auf denen die Interaktion sämtlicher Wirklichkeiten abläuft.

Aber diese Interaktion kann nur kontinuierlich ablaufen, wenn sämtliche Wirklichkeiten von gegenwärtigen Faktoren abhängen, die ihrerseits Veränderung bewirken.

/

Unsere Gegenwart!

Wir hören häufig reden von ‚unsrer Zukunft‘, selten auch von ‚unserer Vergangenheit‘. Aber von ‚unserer Gegenwart‘, der einzigen Zeitlichkeit, die uns zur Handlung stellt und durch unsere Aktivität beeinflusst wird, ist nie die Rede. Warum?

Die Ursache für die sprachliche Abwesenheit der Gegenwart hat auf den ersten Blick scheinbar viele Gründe. Zeitmangel, Zukunftsplanung, Desinteresse, Verdrängung ...

Je länger und gründlicher wir uns im Alltag allerdings umsehen, anderen zuhören, die täglichen Vorgänge beobachten und erleben, umso deutlicher erkennen wir, dass die sprachliche Abwesenheit der Gegenwart zugleich ihre mentale Anwesenheit beinhaltet. Daher hat die bewusste Abwesenheit der Gegenwart tatsächlich eine einzige Ursache: Achtlosigkeit.

Es herrscht die allgemeine Achtlosigkeit gegen das eigene Verhalten, kurz, Egoismus.

Wir haben die zentrale Bedeutung des Egoismus für uns Menschen bereits an anderer Stelle nachgewiesen. Umso deutlicher, da die Mehrheit einzelner Menschen in unsren Gesellschaften unsere Massen bilden und somit das Verhalten unserer Mehrheiten bestimmen.

Was die Abwesenheit der Gegenwart mit unserem Egoismus zu tun hat, ist einfach erklärt.

Egoismus ist sich selbst nicht gegenwärtig.

Es fehlt ihm jede Reflexion seines Verhaltens, das ‚im Moment‘, also in der Aktion stattfindet.

Der Zusammenhang zwischen seiner Haltung und seiner existenziellen Wirklichkeit ist ihm ebenso unbekannt, wie der Zusammenhang zwischen seiner Handlung und deren Auswirkung.

Aus diesem Grund ist die Achtlosigkeit gegen ‚das Gegenwärtige' zugleich die Achtlosigkeit gegen sämtliche existentielle Wirklichkeiten der Gegenwart. An erster Stelle gegen uns selbst, an zweiter Stelle gegen unsere Mitmenschen und endlich gegen unsere Umwelt.

Der extravertierte Charakter des Egoismus belegt eindrücklich, dass er sich der Gegenwart nicht bewusst nicht. Er belegt dies durch seine Inbesitznahme des Gegenwärtigen und somit seiner Blindheit für konkrete Zusammenhänge.

Folglich weiss Egoismus hauptsächlich und immer, was er ‚jetzt will' und ‚jetzt' für sich beansprucht. Aber er weiss nicht, was seine Aktion und sein Anspruch durch stets vorhandene Zusammenhänge extern auslösen.

Menschen, die den Blick fürs Gegenwärtige verlieren, verlieren auch immer den Blick auf ihre eigene existenzielle Wirklichkeit.

Wir alle leben zur Erhaltung unsrer Existenz ‚durch' Aktion. Die Menschen unserer Massengesellschaften aber leben längst auf andere Art. Sie leben in Unkenntnis ihrer existenziellen Wirklichkeit und über die Erhaltung ihrer Existenz hinaus. Daher leben sie ‚in' Aktion.

Der Unterschied zwischen beiden Aktionen ist offensichtlich: Die Aktion, die wir ‚durch' die Gegenwart ausführen, lenkt uns nicht ab vom Bewusstsein für unsere existentiellen Wirklichkeit. Wir erhalten unsere Existenz. Wir stehen innerhalb der Gegenwart. Wir sichern unsere zukünftige Selbsterhaltung.

Die Aktion, die wir ‚in' der Gegenwart ausführen, lenkt uns dagegen ab vom Bewusstsein für unsere existenziellen Wirklichkeiten. Wir wollen ‚mehr' als die Erhaltung unserer Existenz.

Wir stehen hier außerhalb der Gegenwart. Somit verlieren wir über kurz oder lang unsere zukünftige Selbsterhaltung.

Wir erinnern uns an den Anfang des Kapitels? An das Raum-Zeit-Kontinuum und unsere Betrachtungen zu Zeit, Aktion und Ordnung?

Um besser zu verstehen, was die Trinität der Zeitlichkeit konkret bedeutet, holen wir an dieser Stelle etwas aus und analysieren zuerst ihre inhaltlichen Bestandteile. Anschließend betrachten wir ihre Übergänge und ordnen die Zusammenhänge in ein Gesamtgebilde.

Der Ursprung von Existenz liegt in seiner kollektiven Erinnerung. Die *Vergangenheit* ist Erinnerung. Ihre Abwesenheit entbindet sie zwar vom Einfluss auf jede räumliche Bewegung, aber nicht von ihrer Einsicht ins zeitliche Wirken, das sie in vollem Umfang erfahren hat.

Alle biologische Existenz beginnt mit der biologisch-chemischen Reaktion und hat einen gemeinsamen Ursprung. Die Geburt ist der Moment der Individuation ins Leben, der Trennung des Organischen vom Substrat. Sie liegt in der Vergangenheit, dem Zustand des einen in allem, der quantitativen Möglichkeit von Existenz.

Im Vergangenen, der Endgültigkeit oder durchlebten Zeit, finden sich sämtliche Affekte, die im Leben zur prägenden Erfahrung existenzieller Wirklichkeiten führen.

Gelebtes Leben ist abgelebt, seine räumliche Bewegung erstarrt. Aber seine prägende Erfahrung und sein Wissen sind im biologischen Kreislauf angelegt.

Die Vergangenheit vermittelt durch ihre Erfahrung nicht nur das Wissen vom gemeinsamen Ursprung und Wert allen Lebens. Ihre unabdingbare Verbindung zum Ursprung biologischer Existenz bringt noch etwas anderes: Hoffnung.

Sich erinnern an vergangene Momente, quer durch die Zeit - das ist Hoffnung.

Das Vergangene weiss, woher es kommt. Es ist durch die Zeit gegangen, hat existiert und seinen festen Platz in irgendeiner individuellen Wirklichkeit eingenommen. Daher kann es zu keinem Zeitpunkt seiner existenziellen Dauer mehr verloren gehen.

Zeit und Existenz, das kollektive Fundament der Erinnerung - sie liegen in der Vergangenheit.

Existenz ist räumliche Bewegung.

Die *Gegenwart* verkörpert den Inbegriff dieser räumlichen Bewegung durch die Verteilung individueller Existenz im Raum. Der einzelne Körper, der lebt, muss zu seiner Selbsterhaltung durch den gegenwärtigen Raum, der ihm diktiert wird durch existenzielle Wirklichkeiten.

Die Gegenwart ist ein offener Vorgang, ein dauerhafter Prozess ‚im Werden'. Als Abfolge ständiger Aktion, bewegt sie sich fortwährend durch verschiedene Ebenen existentieller Wirklichkeiten, an denen sie permanent die Menge, Dauer und Geschwindigkeit ihrer Aktion ausrichtet. Sie existiert nur als Bewegung.

Das Gegenwärtige hat keinen Begriff von den kollektiven Verbindungen. Es ist die Irritation, die ‚im Vorbeigehen' sieht, was ihr zu keinem Zeitpunkt bewusst wird - sich selbst in einer anderen Existenzform, die ihr scheinbar ‚entgegen' agiert. Tatsächlich aber ihre eigene Aktion nur in einer anderen Richtung ausführt.

Die Gegenwart benutzt, was immer sie in ihrer räumlichen Bewegung vorfindet. Aber sie kann nicht über ihren eigenen Moment hinaus. Sie ist gebunden an die vorgefundenen Bedingungen des Raums.

Da sich räumliche Bedingungen durch ihre Bewegung sofort verändern, sind ihr vorheriger und ihr nächster Moment bereits ihr Abgrund. Folglich passt sie ihre Aktion stets den räumlichen Bedienungen an und unterliegt ganz der Manifestation der Zeit. Ihr individueller Inbegriff verhindert daher ihren objektiven Blick für räumliche Veränderungen, die sie durch ihre eigenen Aktionen hervorruft.

Das Ziel aller Existenz liegt in seiner kollektiven Bestimmung. *Zukunft* ist der Moment der organischen Kollektivierung, der dieser Bestimmung ungeteilt folgt.

Es ist die Idee der paritätischen Integration aller zuvor abstehenden und wesensfremden Teile in ein universelles System, das nach objektiven Kriterien bemessen wird.

Die kollektive Existenz weiss von der räumlichen Veränderung, der sie durch die Zeit ausgeliefert wird. Also findet sie sich zusammen, um die bevorstehende Veränderung gemeinsam zu steuern. Aber ihre gemeinsame Bestimmung, die über jede individuelle Existenz hinausgeht, kann nur gelingen durch bedingungslose Solidarität. Daher selektiert sie vorab Bewegungen und Aktionen, die ihrer Synthese von Zeit und Existenz entgegenstehen.

Zukunft eilt dem Raum voraus. In Voraussicht kommender Veränderung erwartet sie die Zeit durch räumliche Planung. Die Kraft ihrer Idee ist hierbei ihr synergetisches Ideal.

Das Zukünftige weiss, wohin es geht. Es hat den Raum vermessen, den Zeit und Existenz nach ihren Vorgaben beschreiten. Daher kann sie zu jedem Zeitpunkt auf die Existenz einwirken.

Da Zukunft aber nicht dem Einfluss von Zeit unterliegt, bleibt sie stets hypothetisch. Sie besitzt keine Erfahrung und kennt nicht die existenziellen Wirklichkeiten, die aus räumlichen Aktionen entstehen und das Leben lenken. Dieser Umstand macht Zukunft extrem naiv gegenüber individueller Bewegung und setzt ihr Bild vom Wert des Lebens dauerhaft in Abhängigkeit zu ihrer Idee einer gemeinsamen Bestimmung.

Wir sehen, die Querverbindungen zeitlicher Trinität sind nicht nur existenzielle Wege. Sie erschaffen, verändern und bestimmen das Verhältnis von Zeit und Raum, sowie das Bewusstsein für individuelles wie kollektives Leben.

Vergangenheit verwaltet die Zeit. Sie erkennt sich selbst in der kollektiven Existenz. Da sie durch ihre Endgültigkeit aber isoliert ist, kann nicht in die Gegenwart eingreifen und deren individuelle Aktion regulieren. Dazu braucht es erst die kollektive Idee der räumlichen Planung. *Zukunft gestaltet die Zeit.* Sie erkennt, dass sie nur existieren wird, wenn sie die individuelle Aktion im Raum in kollektive Bahnen lenkt.

Die Gegenwart hat zu jedem Zeitpunkt viele Möglichkeiten von Zukunft. Aber sie muss weiter zurückgehen als in die gegenwärtige Aktion, um Zukunft ‚erfolgreich' zu gestalten. Sie braucht den Fixpunkt des Unabänderlichen, die Prägung verstrichener Zeit, die allein durch kollektive Erinnerung ‚ihren Weg' markiert.

Die Gegenwart hat kein Bewusstsein von ‚ihrem Weg'. Ihre Bewegung entsteht als Folge permanenter Impulse, die in räumlicher Veränderung

liegen. Weder hat sie Zeit zur gründlichen Vergegenwärtigung ihrer Richtung noch zur Verwal-
tung von gelebtem Leben.
Daher ist die Gegenwart sich nicht bewusst über
die Tragweite ihrer Aktion, die im übernächs-
ten Moment entstehen kann.
Im Zweifelsfall weicht sie einem Hindernis aus,
nur um sofort in die Grube dahinter zu fallen.
Ein Zufall, eine plötzliche Veränderung und ihrer Bewegung wird ein abruptes Ende bereitet.

Das Ende der menschlichen Geschichte ist
nicht der Untergang des Abendlands oder das
Verschwinden unsrer Zivilisationen durch Klimawandel und Völkerflucht. Es ist auch nicht
die Synthese einer Spezies, dessen Bewusstsein
endlich im Weltgeist angelangt. Das Ende der
Geschichte ist das Ende einer Zukunft, die ‚aus
Mangel an Vergangenheit' ganz unerwartet in
irgendeiner Gegenwart abbricht.

/

Zukunft hat immer Potential.
Aber ein planvolles Vorausdenken der Gegenwart kann nur bestehen, wenn es durch die Erfahrung der Vergangenheit geht. Allein hier
findet die Gegenwart die Formel vom existentiellen Wert, die sie zwingend anwenden muss.
Die Wegmarkierungen der Vergangenheit kor-
rekt zu lesen, heißt dem Leben und all seinen
Konsequenzen willig zu folgen - einschließlich
dem individuellen ‚Loslassen' und willigen Verschwinden, sobald die biologische Uhr abläuft.

Eine gemeinsame Bestimmung kann in praktischer Umsetzung nur gelingen, wenn sie die Er-

fahrung von gelebter Existenz und das Wissen vom gemeinsamen Ursprung trägt.

Die Räume, in denen Veränderung persönliche Erfahrung und Erinnerung bringen, dürfen durch zukünftige Gestaltung von Zivilisation nicht geschlossen werden.

Die Gefahr verlorener Identität oder der Verlust der Selbstbestimmung sind nur Nebeneffekte einer totalitären Zukunft, in der das kollektive Erbe der Vergangenheit tabuisiert ist.

Die Gegenwart hat immer alle Möglichkeiten von Zukunft, solange sie die Lektionen ‚ihrer' Vergangenheit lernt. Was existiert hat, existiert noch immer - sowohl im Substrat, wie der biologisch-chemischen Reaktion.

Die Regeln der Evolution mögen launisch sein, aber sie folgen äußeren Faktoren, denen immer Zeitprozesse zwischen einer unbestimmten Vergangenheit und Gegenwart zugrunde liegen.

Die existenziellen Wirklichkeiten, denen jeder Organismus unterliegt, sind so fix, wie die organischen Verbindungen, aus denen jeder Organismus besteht.

Der biologische Überlebenskampf, die unentwegte Möglichkeit von Existenz und Selektion sind Impulse einer Gegenwart, aus denen Zukunft entsteht und erst entstehen kann. In dieses Regelwerk einzugreifen bedeutet den Tod der Zukunft.

Das menschliche Individuum lernt durch Erfahrung existenzieller Wirklichkeiten. Es lernt im Laufe der Zeit die zielgerichtete Koordination seiner räumlichen Bewegung. Es lernt Anpassung und Veränderung. Und es lernt Emotionen. Schmerz und Verlust, Angst und Zuneigung - sie sind der Inbegriff menschlicher oder auch gefühlter Existenz.

Vergangenheit, Gegenwart und Zukunft sind für uns Menschen daher viel mehr als äußere Faktoren, die unsere Lebensabläufe und Zivilisationen vermessen. Es sind emotionale Räume, die sich bewusstem und unbewusstem Betreten ebenso öffnen, wie entziehen.

Erst ihre folgerichtige Anordnung und Umsetzung im menschlichen Bewusstsein führt eine erfahrungsreiche Vergangenheit in eine achtsame Gegenwart, die Zukunft ‚offen' gestaltet.

Das Konzept der Ordnung durch Harmonie, das die Natur in jedem Mikro- oder Makrokosmos verkörpert, funktioniert durch seine Methode einer beständigen Angleichung, Veränderung und Erneuerung identisch.

Natürliche Synchronität ist ‚offene' Gestaltung, garantiert durch zeitlichen Umwälzung und die Dauerhaftigkeit von Gravitation.

Um sich der natürlichen Synchronisierung anzupassen, muss das menschliche Bewusstsein nach Verinnerlichung der natürlichen Ordnung daher noch eine andere Lektion akzeptieren.

Es muss das Loslassen lernen - das Loslassen von individueller Erinnerung, Aktion und Vorstellung. Es muss loslassen von eigenen Emotionen und Illusionen, denen es im Laufe seiner kognitiven Entwicklung aufsitzt.

Das menschliche Bewusstsein kann den gegenwärtigen Anforderungen nach Harmonie seiner Umwelt immer nur dann gerecht werden, wenn es seine eigenen Interessen vergisst und im Sinne seiner Umwelt handelt.

Veränderungen sind die Überlebensstrategie der Natur, sie müssen stattfinden. Dazu muss Vergangenes weichen, müssen Veränderungsprozesse ständig synchronisiert werden.

Im ständigen Loslassen von Zeit liegt die Freisetzung von Zeit. In Freisetzung von Zeit die offene Gestaltung. In offener Gestaltung die Wiederkehr von Ordnung. In der Wiederkehr von Ordnung das ständige Loslassen von Zeit.

Ein Kreis kann keinen anderen Weg nehmen als die zirkuläre Perfektion, die seiner Geometrie bereits zugrunde liegt.

Aber er kann die Bestimmung seiner Form nur dann ausführen, wenn er in seinem Ende seinen Anfang findet.

Das menschliche Bewusstsein muss zuerst erkennen, dass seine Willensfreiheit innerhalb ‚einer' existentiellen Bestimmung liegt, die für alle Organismen ‚gemeinsam' gültig sind.

Allein durch ständiges Loslassen seiner persönlichen Definition kann der einzelne Mensch seine Rolle im Zyklus der natürlichen Synchronisierung somit vollauf erfüllen.

SECHZEHN

DIE STERBLICHE REVOLTE

» Wir haben bisher diverse Größe, Kräfte und
Phänomene im System der Natur beschrie-
ben und ihre Zusammenhänge geortet. Aber wir
haben noch kein Grundmotiv für ihre Selbstre-
gulation und ihren Gesamtzusammenhang.
Daher zeitigen wir jetzt das erste und letzte Prinzip der natürlichen Kreation:
Zufall.
Zufall ist der unberechenbare Faktor in jeder
Gleichung. Er ist die große Unbekannte, die so
komplex und omnipräsent das Ergebnis jeder
Gleichung bestimmt, dass seine Definition allein
in der Konstanz seiner Unberechenbarkeit liegt.
Wir definieren, Zufall ist ein dynamischer Effekt, der jede Form von Kontrolle ausschließt.
Er tritt für uns immer dann in Erscheinung,
wenn Kontrolle den offenen Raum der Verände-
rung blockiert und Dogmen forciert, die dynami-
sche Prozesse künstlich unterdrücken.
Dies gilt für Systeme, Situationen oder sämtliche
Interaktionen innerhalb von Systemen.

Zufall ist Dynamik per se. Er kehrt das Gegenwärtige ins Mögliche, das Reale ins Hypothetische. Seine Eigenschaften bezeugen seine Tragweite für ganze Systeme, einzelne Situationen oder sämtliche Interaktionen. Seine Variabilität ist dabei infinit, seine Immanenz total.

Die Bandbreite zufälliger Wirksamkeit ist grenzenlos. Sie zeigt eine ebenso phantastische Form von Anomalien, wie deren unerforschliche Normierung zu allgemein gültigen Realitäten.

Wenn Zeit also der Architekt für Veränderung ist, ist Zufall sein Erfinder und seine Exekutive. Was Zufall erfindet ist die potentielle Möglichkeit, die durch Zeit akkumuliert wird.

Aber erst wenn diese potentielle Möglichkeit im Höhepunkt ihrer Akkumulation die Voraussetzung einer ‚natürlicher Zweckmäßigkeit' erfüllt, wird sie vom Zufall exekutiert.

Tatsächlich ist Zufall daher kein Faktor des Chaos. Er konterkariert keine dynamischen Systeme, er konterkariert nur die unausweichliche Komprimierung oder Expansion von dynamischen Systemen. Denn er sucht immer die ‚natürliche Zweckmäßigkeit' einer bestehenden Dynamik, ‚ihre Reibung' mit Zeit und provoziert das Potential von Möglichkeiten. Er drängt auf zweckmäßige Veränderung, führt sie aus durch Zeit und bewirkt somit Expansion.

Im Klartext: Zufall existiert in einem dynamischen System nur solange, bis dessen Endzustand nicht erreicht ist. Sobald eine Expansion ihr Maximum erreicht hat, endet auch die Veränderbarkeit und somit die Wirksamkeit des Zufalls. Die Dynamik des Systems kommt zum Erliegen, das System kollabiert und wird mit eklatanter Dynamik zurück auf seine singuläre Grundordnung komprimiert.

Daher sind Auftreten, Methode und Auswirkungen von Zufall nie restaurativ, sondern immer innovativ.

Das Ziel von Zufall ist Kreation.

Dass Zufall ein unberechenbarer, aber essentieller Faktor der Natur ist, eine natürliche Aufgabe erfüllt und daher ,Sinn macht', lässt sich allerdings allein am Ergebnis der Veränderung, aber nie aus deren Prozess ersehen.

Wir können aus dem Auftreten, den Methoden und Auswirkungen des Zufalls auf den ersten Blick keine klaren Muster oder Zyklen erkennen. Aber wir können die Art seines Auftretens, seiner Methoden und Auswirkungen beobachten und hiermit seine natürliche Aufgabe näher bestimmen.

Zufall kommt zur Wirksamkeit, sobald mindestens zwei Größen oder Kräfte in Interaktion treten und Dynamik erzeugen.

Seine Wirksamkeit auf eine Interaktion erhöht sich durch zwei Faktoren. Zum einen durch die Dauer der Interaktion, zum anderen durch die Addition jeder zusätzlichen Größe oder Kraft.

Je umfangreicher und länger die Dynamik eines Vorgangs, umso nachhaltiger also der Zufall.

Da der Begriff der Interaktion hier universell austauschbar ist, gilt die Wirksamkeit des Zufalls für jede Dynamik - sowohl in ganzen Systemen wie autonomen Interaktionen.

Fragen wir jetzt nach der Aufgabe von Zufall, müssen wir zuerst begreifen, dass es den *Begriff des Zustands* in der Natur nicht gibt.

Natürliche Dynamik ist stets gegenwärtig.

Sie wirkt ununterbrochen.

Daher müssen wir die Veränderungen von Systemen oder Situationen immer in einem bestimmten Zeitfenster und zwischen zwei fiktiven Gesamtzuständen betrachten - ihrer zeitlichen Basis und zeitlichen Spitze.

Wenn wir uns jetzt die Veränderungen von Systemen oder Situationen in der Natur konkret betrachten, stellen wir fest, dass keine Veränderung identisch verläuft.

Trotz identischer Bedingungen an ihrer zeitlichen Basis, zeigen dynamische Systeme und Situationen immer andere Verläufe und folglich voneinander verschiedene Ergebnisse.

Weshalb?

Zufall ist Provokation und Kreation.

Er provoziert ständig. Er provoziert potentielle Möglichkeiten einer Gestaltung, die unter zeitlicher Revision natürlicher Zweckmäßigkeit zur Durchführung (Kreation) kommt.

Zeitliche Revision bestimmt den Moment von Veränderung. Sie organisiert den Verlauf von Veränderung. Aber sie benötigt immer die Provokation einer vorhandenen Dynamik, aus der sie organisieren kann. Was sie organisiert entspricht einer natürlichen Zweckmäßigkeit.

Diese natürliche Zweckmäßigkeit kann nur kreativ wirken und gestalten - und zwar zu jedem Zeitpunkt - wenn sie Zufall unterliegt.

Die Aufgabe von Zufall ist die Provokation und Durchführung kreativer Experiment.

Zufall experimentiert mit Möglichkeiten - ganz gleich ob temporär, materiell oder existentiell. Er testet Expansion, dehnt sie bis zur äußersten Grenze, kehrt zurück in seinen Anfang und beginnt von Neuem. Nicht mehr, nicht weniger.

Unsere Existenz ist ein reines Zufallsprodukt. Wir verschwinden, wie der Zufall der Evolution die kurze Zeitspanne unsrer Existenz begründet hat. Wir werden ebenso vergessen, wie wir vor unsrer Entstehung und Geburt in keinem Gedanken enthalten und kein Thema organischer Existenz oder existenzieller Wirklichkeiten waren.

Dass wir reine Zufallsprodukte sind ergibt sich aus der Retrospektive räumlicher Prämissen und zeitlicher Konjunktive, deren Quantität unserer Existenz jede Vorhersehbarkeit nimmt.

Erst der Zusammenhang zwischen zeitlichen Konjunktiven und räumlicher Prämisse schafft unsrer Logik den erkennbaren Nährboden einer progressiven Evolution.

Ein einzelnes Kettenglied wird erst Teil einer Kette, wenn seine Verbindungen mit anderen Kettengliedern bewiesen sind. Dann können Form, Länge und Gewicht der Kette untersucht, ihre einzelnen Kettenglieder klassifiziert und in Gesamtzusammenhang gestellt werden.

Da jede Tatsache aber nach Begründung verlangt, ist selbst Evolution, als singuläres Produkt sämtlicher Möglichkeiten, keine logische Folge zeitlicher und räumlicher Schnittmengen, die kein anderes Ergebnis zulassen.

Evolution bleibt Zufall, und sie bleibt deshalb Zufall, da die gleichwertige Quantität an jeweiligen Alternativen ihre Wahrscheinlichkeit völlig unangetastet lassen.

Die Dimensionen, die diesem Gedanken entspringen, verweisen daher die elementare Interaktion oder Dynamik zwischen Naturkräften,

Phänomen und Größen in den Bereich ständiger Möglichkeiten.

Die Kette, die über physikalische Erscheinungsformen bis in die biologische Existenz verläuft, hat keine Blaupause für ihre Form, ihre Länge und ihr Gewicht. Ihre einzelnen Kettenglieder und deren Verbindungen unterliegen ganz der Dynamik elementarer Interaktion.

Ein beliebiger Ball prallt ab von verschiedenen Oberflächen mit jeweils unterschiedlicher Geschwindigkeit. Ball, Oberfläche und Geschwindigkeit sind zwar Bedingungen zur Interaktion. Da die Interaktion aber zeitlich veränderlich ist, unterliegt sie einem Zufall, der ständig die Bedingungen zur weiteren Interaktion verändert.

Also führt eine bestimmte Interaktion zu einem anderen Zeitpunkt auch zu einem jeweils anderen Ergebnis - ob ähnlich dem bestehenden Ergebnis oder völlig von diesem abweichend, bleibt zurück im zeitlichen Konjunktiv.

Ein dynamisches System ist nicht in Stein gemeißelt, sondern ein temporäres Gebilde. Es ist gebaut auf den freien Variablen des Zufalls, die das Bestehende allein durch seine ständige Wirksamkeit hervorbringt.

Was besteht, muss zuvor durch den Zufall. Aber es kann nur durch den Zufall, wenn seine Dynamik räumlich dehnbar ist und somit Gestaltung zulässt.

Das Ergebnis jeder Dynamik ist die Bedingung zu weiterer Dynamik. Wann allerdings was geschieht, oder wann ein bestehendes Ergebnis in weitere Dynamik übergeht, liegt ganz am Augenblick, in dem seine potentiellen Möglichkeiten auf natürliche Zweckmäßigkeit treffen.

Wir müssen hier anmerken, es gibt in der Natur

keine Ergebnisse. Es gibt immer nur zeitliche Veränderungsprozesse, in denen Dynamik mal mehr oder weniger offenkundig agiert.

Die Wahrscheinlichkeit für etwas, das noch nicht besteht, aber bestehen kann, ist stets der gleichen Quantität an potentiellen Möglichkeiten unterworfen. Was aus dieser Quantität von potentiellen Möglichkeiten schließlich tatsächlich entsteht, liegt am Zufall, der expandiert.

Dass aus einer beliebigen Dynamik etwas Neues entsteht ist zwingend. Dass aus ihr allerdings etwas Bestimmtes entsteht ist nicht wahrscheinlicher, als dass etwas anderes entsteht.

Der Stein des Anstoßes kann und muss in jede Richtung rollen. Und er rollt in jede Richtung. Dafür sorgen die universellen Gesetzmäßigkeiten der progressiven Gestaltung und Expansion von dynamischen Systemen.

Nennen wir z.B. die Singularität A die Ursache für irgendeine Dynamik. Aus A kann durch weitere Dynamik AB entstehen. Aber es kann auch AC oder AX entstehen. Aus AB kann also wiederum ebenso ABX wie ABC entstehen.

Die Wahrscheinlichkeit, dass ABC entsteht, ist im Rahmen sämtlicher Möglichkeiten nicht größer, als für jede andere Variante und deren erneute Kombination.

Daher ist der Schritt von irgendeiner anfänglichen Dynamik bis zur menschlichen Existenz lediglich eine Variante unter einer infiniten Anzahl von Varianten. Aber die Wahrscheinlichkeit ihrer Umsetzung entspricht dabei längst nicht der Umsetzbarkeit sämtlicher Varianten.

Die Wahrscheinlichkeit, dass aus dynamischen Prozessen etwas Bestimmtes entsteht, je mehr von ihnen ablaufen, strebt daher gegen hundert.

Sie strebt gegen null.

Die Bedingungen von dynamischen Prozessen sind so irreversibel wie der Ablauf von Zeit. Eine dynamisches System, dem selbst eine infinite Anzahl von dynamischen Prozessen zugrunde liegt oder vorausgeht, liefert daher unter Garantie immer ein einmaliges, aber niemals ein berechenbares Ergebnis.

Somit kann die Kette aus Universum, Naturkräften und Existenz allein durch retrospektive Betrachtung als logisch zwingend und perfekt erscheinen. Tatsächlich ist die Kausalität ihres Aufbaus nichts anderes als ein Produkt von Zufällen, das in seiner gegenwärtigen Erscheinungsform, seiner progressiven Gestaltung und Expansion auf einer infiniten Anzahl von potentiellen Möglichkeiten gründet.

Evolution unterliegt keiner erhöhten Schnittmenge von Potential und Wahrscheinlichkeiten.

Ihre innere Struktur, Organisation und Sublimation unterliegen bei dynamischen Systemen zu jedem Zeitpunkt der zufälligen Angleichung von dynamischem Material an dynamische Prozesse.

Diese zufällige Angleichung wird ausgeführt durch natürliche Kräfte. Sie allein besitzen eine Teilmenge, die nach Stabilität strebt.

Daher nähert sich jene Teilmenge natürlicher Kräfte auch im Zeitverlauf den inkonstanten Werten einer Obermenge, die jedes dynamische System in seinen Anfängen beschreibt.

Das Konzept der Ordnung durch Harmonie, das hinter der Natur steht, ist die unveränderliche Interaktion zwischen Teil- und Obermenge.

Jedes Ungleichgewicht, dass in einem etablierten System die bereits stabile Interaktion zwischen Teil- und Obermenge gefährdet, wird solange in einen Konflikt gezwungen, bis zwischen Teil- und Obermenge neue Harmonie entsteht.

Dass hier nichts von Bestand ist, liegt an der freien Variablen des Zufalls. Sie kombiniert die natürliche Dynamik in eine infinite Anzahl von Erscheinungsformen.

Daher ist die Natur Maß und Gewicht für Existenz. Und was an einer Stelle in sie eintritt, tritt an einer anderen Stelle wieder aus ihr hinaus. Nicht mehr, nicht weniger.

/

Evolution ist Zufall. Organische Verbindungen können in einem System optimale und stabile Bedingungen vorfinden und trotzdem verkümmern. Sie müssen keine Organismen hervorbringen und zu Morphogenese führen.

Eine Galaxie muss nicht aussehen, wie sie aussieht und nicht hervorbringen, was sie hervorbringt. Dass eine ‚bestimmte‘ Pluralität natürlicher Erscheinungsformen existiert, aussieht, wie sie aussieht und hervorbringt, was sie hervorbringt, hängt nur an der freien Variablen des Zufalls.

Kurios ausgedrückt:

Es geschieht und entsteht, was der Natur ‚zu einem bestimmten Zeitpunkt‘ zweckmäßig erscheint. Zweckmäßig bedeutet hier, was anzieht, da es Potential verspricht. Untauglich, was aus dem umgekehrten Grund abstößt.

Diese natürliche Zweckmäßigkeit gehört zur freien Variablen des Zufalls, die jeden dynamischen Prozess begleitet und komplexe Evolution erst ermöglicht.

Das heißt nicht, dass alle anderen potentiellen Möglichkeiten keine Umsetzung finden und für immer verschwinden.

Die natürliche Zweckmäßigkeit besagt nur, dass sie ‚jetzt' keine Umsetzung finden. Sie bleiben Möglichkeiten für einen anderen Zeitpunkt, der eine veränderte Dynamik bereithält als ‚jetzt'.

Die Natur bildet somit in dem einen oder anderen dynamischen System gegenwärtig lediglich eine andere Variante aus der Gesamtheit sämtlicher Varianten ab. Ob, wann und wie irgendeine Variante Existenz abbildet, bleibt Zufall.

Da Existenz auf Evolution und auf Zufall beruhen, gibt keine Kontrolle über Existenz.

Jeder Augenblick von Existenz unterliegt ebenso einer zufälligen Absolutheit, wie er nur in dieser gewärtig zufälligen Absolutheit besteht.

Wir können dieser Absolutheit in keiner unserer existenziellen Wirklichkeiten entrinnen. Sie ist für uns Menschen die essentielle Grundlage der Vereinheitlichung von Körper und Geist mit einer Umwelt, die uns die Eigendynamik des Gegenwärtigen erst vollauf bewusst macht.

Wir existieren nur in der Gegenwart, einem veränderlichen Moment, der beherrscht wird von einer zufälliger Absolutheit. Diese Absolutheit, durchs dynamische System der Umwelt ersichtlich, revidiert ununterbrochen jede existenzielle Wirklichkeit und ordnet sie neu an.

Der Zufall, der uns in Raum und Zeit zusammenbringt, regiert ebenso unsere individuelle, wie kollektive Vergangenheit, Gegenwart oder Zukunft. Wir sind frei innerhalb des Raums. Aber nicht innerhalb der Zeit.

Wir sind der zufälligen Absolutheit permanent

ausgeliefert - hier, jetzt. Und umso mehr, je weiter wir unsre Existenz in eine für uns mögliche Zukunft projizieren.

Jeder Plan, den individuelle Existenz entwirft, beinhaltet bereits eine immense Anzahl an dynamischen Faktoren. Aber jeder Plan, der kollektive Existenz entwerfen kann, eine nicht kalkulierbare Anzahl.

/

Wir sind nicht separiert durch die vermeintliche Autonomie unsrer Körper. Der Körper weis, dass er von seiner Umwelt abhängt. Und er weis, dass er zu seinem künftigen Fortbestehen keine gründlichere Vorsorge treffen kann, als die gegenwärtige Aufnahme von Nahrung, Wasser, Sonnenlicht und Sauerstoff.

Wir sind separiert durch die vermeintliche Autonomie unsres Bewusstseins, das die Tatsachen und Signale des Körpers vehement ignoriert.

Der Geist tut dies, weil er sich seiner Abhängigkeit von der Umwelt erwehrt. Er strebt nach unbedingter Kontrolle, will Gestaltung. Er verweigert sich dem emotionalen Wissen, dass er nur als Teil einer kollektiven Illusion besteht. Daher verdrängt er seine Sterblichkeit durch den Glauben, er kontrolliere Körper und Umwelt.

Aus dieser Illusion haben wir den Glauben an die Kontrolle unsrer Existenz, an persönliche Selbstverwirklichung und Lebensinhalte geschaffen. Wir glauben an den bedingungslosen Wert unsrer Selbstbezüge, aber wir missachten die gemeinsamen Bedingungen, denen wir zu jedem Zeitpunkt ausgeliefert sind.

Dass wir diesen gefährlichen Punkt einer vermeintlichen Autonomie und individuellen Separation des menschlichen Geistes erreicht haben, liegt an den anonymen Strukturen unsrer Massengesellschaften, die eine gefühlte Distanz des Einzelnen zu seiner Umwelt hervorrufen.

Die einst bestehenden Gefilde menschlicher Gemeinschaften sind durch Verlust einer notwenigen und direkten Interaktion zwischen Menschen in Auflösung begriffen.

Was hier aus profitablem Kalkül durch scheinbare Freisetzung des Individuums in völlige Selbstbestimmung verloren geht, ist mehr als das Wissen um gegenseitige Abhängigkeit, die Notwenigkeit zur Kooperation oder Solidarität mit dem Nächsten. Es ist das Wissen um universelle Zusammenhänge, die von der unsichtbaren Separation des Individuums zerstört werden.

Der menschliche Geist, durch Industrialisierung gerade erst im Prozess der Individuation, wird noch vor seiner Reife zur selbstbestimmten Kollektivierung von seinen sozial-gemeinschaftlichen Wurzeln getrennt. Sein Bewusstsein hat die Illusion existenzieller Kontrolle noch nicht durchlebt.

Kontrolle ist die erste und extremste Illusion unsres Bewusstseins. Sie ist die rationale Bemühung durch Koordination der Umwelt und Beherrschung des Raums zufällige Absolutheit zu minimieren und existentielle Dynamik zu fixieren.

Ihre Ursache liegt in der Angst vor der Ungewissheit und Hilflosigkeit, die im Wechsel existenzieller Wirklichkeiten liegt.

Also sucht sie durch Fixierung des Bestehenden Gewissheit und Sicherheit über das Kommende.

Das Bewusstsein, das an Kontrolle festhält, ist sich dem Selbstwert seiner Existenz nicht gewiss. Es hat die Ahnung seiner Illusion bereits entdeckt. Aber es kann nicht loslassen von seinem Wunsch nach Bestätigung seiner Daseinsberechtigung.

Somit steht es in ständigem Konflikt - mit seiner Definition von Realität, seinem Körper, seiner gesamten Umwelt. Es muss sich seinen Selbstwert beweisen. Umso mehr, da der Funktionalismus unsrer Industrienationen unsren menschlichen Eigenwert an eine funktionale Tauglichkeit koppelt.

Das Mantra der Technologie beherrscht unsre Geisteshaltung und folglich unser Verhalten gegenüber Mitmenschen und Umwelt: ‚Alles ist kontrollierbar, nichts kann schiefgehen.'

Der künstlichen Raum des Funktionalen, der in unsren technokratisch organisierten Gesellschaften jede Nicht-Funktionalität verbittet, hat nicht nur das Wirken von Zufall ausgeklammert, sondern auch menschliche Verfehlung tabuisiert. Denn Verfehlung heißt in unsren Leistungsgesellschaften Versagen und führt zu persönlicher Entwertung - als Vorgesetzter, als Kollege, als Ehepartner, als Elternteil, als Mensch.

Selbstverwirklichung ist die zweite Illusion unsres Bewusstseins. Sie ist der Versuch durch persönliche Optimierung den Selbstwert, den unsere Gesellschaftsnormen für uns definieren, zu erhöhen.

Ihre Ursache ist ähnlich gelagert wie bei Kontrolle. Es geht immer um Selbstwert.

Der Unterschied zwischen Kontrolle und Selbstverwirklichung liegt im emotionalen Motiv der Akzeptanz. Kontrolle holt seinen Selbstwert aus seiner Dominanz der Umwelt. Selbstverwirklichung aus seiner Positionierung in der Umwelt.

174

Kontrolle sucht kollektive Ordnung. Selbstver-
wirklichung den individuellen Unterschied.

Das Bewusstsein, das nach Selbstverwirklichung strebt, bindet seinen Selbstwert an die persönliche Akzeptanz durch seine Umwelt. Es glaubt, der künstliche Raum sei der natürliche Raum. Daher verstärkt es seine Illusion und kann sowohl die Gegenwart des Zufalls, wie die existentiellen Grundlagen keiner gesamtheimlichen Kategorie zuordnen.

Sei es die Frage der Kontrolle oder die Vorstellung der Selbstverwirklichung - der menschliche Geist, der sich vor Köper und Umwelt setzt, mag sein Wirken im Raum zwar beachten, aber nicht die Gesetzmäßigkeiten von Zeit.

Wir gewinnen unsre Willensfreiheit durch den Raum, der uns mit Konflikten konfrontiert und uns zu ihrer Lösung eine Auswahl an Strategien bietet. Hier können wir selbst verändern und gestalten. Aber wir sind hilflos gegen die Unabänderlichkeit der Zeit. Unser Selbstbestimmung endet mit der Anwesenheit einer Gegenwart, in der eine zufällige Absolutheit den Eingang zur Zukunft besetzt hält.

Die Erkenntnis der abstrakten Zusammenhänge von Körper, Geist und Umwelt entsteht erst aus der Vergegenwärtigung zufälliger Absolutheit und der Gewissheit von unveränderlichen Grundlagen, die für jede existentielle Wirklichkeit ihre Gültigkeit behalten.

Wir entdecken unsre Sterblichkeit nicht durch den Geist, sondern den Körper. Der Körper steht immer in Wechselwirkung zu Geist und Umwelt. Er bildet die Voraussetzung zu deren gleichwertiger Einheit.

Daher ist der Griff des Körpers an die Materie,

die gefühlte Verbindung von Körper und Umwelt oder das praktische Wissen, der erste Schritt zur Beachtung gemeinsamer Grundlagen.

Welche Stellung der Körper im Raum auch einnimmt, er weis, dass Existenz nicht an geistigen Vorstellungen, sondern der Umwelt hängt.

Hier endet das emotionale Trauma des Bewusstseins, das an seinen individuellen Wert, seine Einmaligkeit und Bedeutung geglaubt hat. Es versteht, dass jede Existenz, einschließlich der eigenen, allein durch Zufall begrenzt und nicht durch Willkür anfechtbar ist.

Es versteht, dass es zwischen Existenz keine qualitativen Unterschiede gibt. Und es versteht, dass kollektive Existenz nur fortbestehen kann, wenn es von seinen individuellen Vorstellungen loslässt.

Hat der menschliche Geist die Illusion seiner Autonomie abgelegt und seine Sterblichkeit entdeckt, wird er auch seine Angst vor persönlichem Kontrollverlust oder misslungener Selbstverwirklichung als unwesentlich begreifen. Seine emotionalen Motive sind reflektiert, seine Emotionen im Einklang mit seinen Ansprüchen.

Der menschliche Geist, durch persönliche Vorteile zuvor in rationaler Separation, kommt zur Vereinheitlichung mit Körper und Umwelt.

Erst hier wächst zusammen, was der Sinn mathematischer Präzision zuvor verhindert hat: die persönliche Gewissheit, dass eigene und fremde Sterblichkeit ein emotionales Kollektiv bilden.

In historischer Bezugnahme haben unsre modernen Zivilisationen sämtliche Gebiete menschlicher Selbstdefinition sublimiert und Fortschritte erzielt - ökonomisch, politisch, juristisch, medizinisch, technologisch, aber nicht emotional.

Jede Optimierung menschlicher Rahmenbedingungen, ob individuell oder kollektiv, verdeutlicht eine Haltung, die grundlegend von äußeren Reizen dominiert wird und jede fundamentale und langfristige Selbstbeobachtung ignoriert.

Die kollektive Nicht-Beachtung unsrer emotionalen Motive, die sich im alltäglichen Zynismus unser Verhaltensweisen beobachten lässt, betreibt die Optimierung menschlicher Existenz somit primär zum eigenen Schaden. Durch seine Wirkung aufs dynamische System aber tatsächlich zum Schaden jeder Existenzform. Und umso nachdrücklicher, je weiter die Intuition gegenwärtiger Interaktion und zufälliger Absolutheit in den Hintergrund rückt.

Diese bewusste Nicht-Beachtung oder Zurückweisung emotionaler Motive findet ihren Ausdruck in einem Zynismus, der mit der Hoffnung auf menschliche Selbstbeobachtung, Aufklärung und Mündigkeit gebrochen hat. Er ist die Folge einer emotionalen Frustration, die ihre massive Fehlinvestition und daher begründete Enttäuschung wider die Vernunft gekehrt hat.

Da der Zyniker mit seiner Gleichgültigkeit also nicht nur jede Illusion, sondern zugleich jede eigene Verpflichtung gegenüber irgendeiner Existenzform als beendet und vergeblich deklariert, kümmern ihn weder die eigene Sterblichkeit noch die Auswirkungen seines Fehlverhaltens. Seine Interessen gelten nicht länger der eigenen Art oder Umwelt. Sie gelten nur noch Firlefanz und persönlichem Amüsement.

Vernunft ist die Einsicht in die natürliche Ordnung. Sie hat ihre emotionalen Motive nicht nur analysiert, sondern sich von jedem immanenten Bezug gelöst. Daher kann sie die Auswirkungen existenzieller Wirklichkeiten nüchtern betrachten und akzeptieren. Ihre innere Wahrhaftigkeit folgt dabei der unverbrüchlichen Gewissheit, das jede zufällige Absolutheit ebenso Fehlinvestitionen hervorbringt, wie Erfolge.

Vernunft urteilt, aber sie verurteilt nicht. Sie kann nicht verurteilen, was durch seine Existenz bereits verurteilt ist. Denn was bereits verurteilt ist bedarf keiner doppelten Verurteilung. Es bedarf allein der Bestärkung ‚von sich loszulassen‘, bevor es das Wesentliche erkennt.

Die Entdeckung der eigenen Sterblichkeit ist die Entdeckung der gemeinsamen Bestimmung von organischem Leben. Sie ist die totale Reflexion aller emotionalen Motive.

Wir sehen in ihr die Einsicht, dass unsre organische Welt eine Familie bildet und somit einem natürlichen Nutzen unterworfen bleibt, der verbindet und zugleich verpflichtet.

Wir verstehen mittlerweile, dass wir durch unsre Technologie Probleme erschaffen haben, die wir lösen müssen. Aber wir verstehen noch immer nicht, dass wir weder durch ein ‚Mehr an Technologie‘ diese Probleme zu lösen nicht in der Lage sind, noch dass wir diese Probleme durch ein ‚Mehr an Technologie‘ nur weiter forcieren.

Auch hier tun wir, wir immer getan haben und tun - bekämpfen bestimmte Symptome, statt Ursachen. Wir bekämpfen, was durch Anwendung von Logik als singuläres Symptom daraufhin kurzfristig verschwindet.

Aber tatsächlich verschwindet es überhaupt nicht. Es wandert nur in einen anderen Bereich der Ökosysteme und tritt dort erneut auf - dazu in stärkerer Form als zuvor.

Die Wahrheit ist, wir Menschen selbst sind das Problem, das wir nicht lösen können - allein, da wir nicht bereit sind, uns vom Gedanken an unsre Unsterblichkeit zu lösen.

Logik und Verstand sind für uns Menschen strategische Hilfsmittel der Natur, die unser Überleben sichern. Aber sie sind nicht geeignet, um das Kernproblem des menschlichen Egoismus zu lösen, der mit unsrer Logik verhaftet ist.

Wir können fragen: Wie sollte eine Methode, die Auslöser für ein bestimmtes Problem ist, dieses Problem lösen, wenn die Ursache dieses Problems in der Methode selbst liegt?

Wir können auch fragen: Wie kann man durch Logik ein Problem lösen, das seine Ursache in Logik selbst hat? - Zumal diese Logik jede Reflexion ihrer indirekten Konsequenz auf ein dynamisches System ausschließt.

Die Bedeutung und Bestimmung, die wir uns selbst geben, hat nichts zu tun mit den biologischen Vorgaben. Was wir auch denken, verstehen, wissen oder glauben - es kann nicht außerhalb der existentiellen Einsicht in die natürliche Grenze zufälliger Absolutheit liegen.

Wir Menschen sind durch Zufall entstanden, wir werden ebenso durch Zufall wieder verschwinden. Bis dahin gilt für uns die gemeinsame Bestimmung der organischen Welt, deren Nutzen wir unterliegen.

Wir alle, die Gesamtheit aller Menschen, die unsere Regierungen Staaten und Gesellschaften bilden, jeder Einzelne von uns - wir alle sind verantwortlich für unser Verhalten und unsere Zukunft. Unsere Existenz ist nicht autonom. Unser Verhalten ist nicht autonom. Sie stehen in Verbindung - zu anderen Menschen, zur Umwelt.

Unsere selbstformulierte Aufgabe der menschlichen Aufklärung darf nicht aus enttäuschter Hoffnung in Zynismus verfallen.

Wir Menschen brauchen uns gegenseitig und ebenso essentiell wie Sauerstoff, Sonnenlicht, Trinkwasser und Nahrung. So wenig ein Weg an uns selbst vorbeiführt, so wenig an Natur. Wir sind nur eine einzelne Zelle im universellen Organismen, der unsere biologische Erscheinungsform als Spezies gebunden hat.

Aber diese einzelne Zelle kann nur ihre Funktion erfüllen, wenn sie begreift, dass sie in einem Verbund von Zellen funktionieren muss.

Wie der einzelne Mensch nur überleben kann, indem er erkennt: Der andere, nächste - das bin ich selbst, kann die Gesamtheit der Menschen nur überleben, wenn sie sich in die Bedingungen der Natur integriert.

Die Praxis, die nach diesem Grundsatz handelt, dass das eigene Überleben nur gelingen kann, wenn der unmittelbar Nächste überlebt, ist bereits einen Schritt näher an der Natur, als der bloße Gedanke, der Zusammenhänge zwar erkennt, aber untätig bleibt.

Die Praxis, die ihre Abhängigkeit bekennt und sich an den essentiellen Grundbedingungen orientiert, hat den nächsten Schritt erreicht.

Das Bewusstsein gegenseitiger Verpflichtung und Verantwortung, das die Wesenheit der Natur und ihr Konzept der Ordnung durch Harmonie reflektiert, macht Schluss mit einem Egoismus, der sich unsterblich wähnt.

Die letzte Wahrheit gehört der natürlichen Kreation. Sie findet ihren Ausdruck allein durch die gemeinsame Herkunft und kollektive Bestimmung von organischer Existenz.

Zeitfracht Medien GmbH
Ferdinand-Jühlke-Straße 7
99095 Erfurt, Deutschland
produktsicherheit@kolibri360.de